总第9卷 第2辑（2020）

# 盛京法律评论

SHENGJING LAW REVIEW

主编 杨松 郭洁

主办 辽宁大学法学院

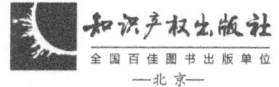

全国百佳图书出版单位
—北京—

图书在版编目（CIP）数据

盛京法律评论. 总第 9 卷. 第 2 辑：2020/杨松，郭洁著. —北京：知识产权出版社，2021.5
ISBN 978-7-5130-7472-8

Ⅰ.①盛… Ⅱ.①杨… ②郭… Ⅲ.①法律—文集 Ⅳ.①D9-53

中国版本图书馆 CIP 数据核字（2021）第 055964 号

责任编辑：石红华　　　　　　　　　责任校对：潘凤越
封面设计：臧　磊　　　　　　　　　责任印制：孙婷婷

## 盛京法律评论·总第 9 卷　第 2 辑（2020）

杨松　郭洁　主编
辽宁大学法学院　主办

| | | | | |
|---|---|---|---|---|
| 出版发行： | 知识产权出版社有限责任公司 | 网　址： | http://www.ipph.cn | |
| 社　址： | 北京市海淀区气象路50号院 | 邮　编： | 100081 | |
| 责编电话： | 010-82000860 转 8130 | 责编邮箱： | shihonghua@sina.com | |
| 发行电话： | 010-82000860 转 8101/8102 | 发行传真： | 010-82000893/82005070/82000270 | |
| 印　刷： | 北京虎彩文化传播有限公司 | 经　销： | 各大网上书店、新华书店及相关专业书店 | |
| 开　本： | 787mm×1092mm　1/16 | 印　张： | 12.75 | |
| 版　次： | 2021 年 5 月第 1 版 | 印　次： | 2021 年 5 月第 1 次印刷 | |
| 字　数： | 176 千字 | 定　价： | 68.00 元 | |
| ISBN 978-7-5130-7472-8 | | | | |

出版权专有　侵权必究
如有印装质量问题，本社负责调换。

# 目 录

【理论园地】
《民法典》在国家治理现代化中的功能阐释 /郭洁 佟彤/ 3
生态环境损害不应适用惩罚性赔偿
　　——以制度功能为视角的分析 /刘佳奇/ 26

【破产法治专题】
公司解散清算中的义务重构
　　——以去债权人中心化为视角 /朱晓娟 安晨曦/ 45
在破产案件中金融债权公平保护法律对策研究
　　——基于辽宁省金融机构破产债权保护的调研 /项目调研组/ 69
论破产重整中裁员产生的经济补偿金性质 /雷蕾 邢通/ 92
预重整的司法实践及制度构建 /张婷/ 106

【比较法视野】
建立澳门证券交易所的制度因应之策研究 /周友苏 庄斌/ 129

【学术新声】
清代至民国旗产的历史变迁与法律规制
　　——以《变通旗民交产旧制折》为切入点 /翟家骏/ 155
以时间利益分配为核心的税法时间研究综述 /赵菁/ 176

# CONTENTS

【Theoretical Garden】

Function Interpretation of the Civil Code in Promoting Modernized State Governance /Guo Jie　Tong Tong/ 3

The Punitive Damages should not be Applied to the Ecological Environment Damage /Liu Jiaqi/ 26

【Topic Research on Bankruptcy Institution】

Restructuring of Obligations in the Dissolution and Liquidation of Companies: From the Perspective of Decentralization of Creditors /Zhu Xiaojuan　An Chenxi/ 45

On the Legal Countermeasures of Fair Protection of Financial Creditor's Rights in Bankruptcy Cases
　—Research on the Protection of Bankruptcy Claims of Financial Institutions in Liaoning Province /Project Research Group/ 69

The Nature of Economic Compensation from Layoffs in Bankruptcy and Reorganization /Lei Lei　Xing Tong/ 92

Judicial Practice and Suggestions On Institution Construction of Prepackaged Reorganization /Zhang Ting/ 106

【Visual Field of Comparative Law】

Research on the Institutional Response of Establishing the Macao

Stock Exchange /*Zhou Yousu   Zhuang Bin*/ 129

**【Academic New Voice】**

The Historical Changes and Legal Regulation of Banner People's Estate from Qing Dynasty to the Republic of China
　　—Starting from "Reform the Old Law about the Transaction of Banner People's Estate" /*Zhai Jiajun*/ 155

A Review of Tax Law Time Research with Time Benefit Distribution as the Core /*Zhao Jing*/ 176

【理论园地】

# 《民法典》在国家治理现代化中的功能阐释

郭洁* 佟彤**

**内容摘要**：国家治理模式的现代化转型蕴含塑造多元治理主体、释放社会自治领域、促进政府与社会互动共塑等诸多深层的法理内涵,为民事立法提出了参与并表达治理改革进程的政治使命。民法的法典化是国家治理目标在法治领域的具体投射:权利体系之法的立法定位,落实了国家治理的"人本性"价值旨归;自治法的规范特质优化了社会的自我构序能力;以良法促善治,弥合了权力治理的正当性不足缺陷;《民法典》显著的形式理性提升了国家的制度治理能力。作为新时代民法的典范,其制度效益与治理效果之间的协同效应值得期待。

**关键词**：《民法典》 国家治理 体系化 自治法 良法善治

---

\* 郭洁,辽宁大学法学院教授,研究方向:民法学。
\*\* 佟彤,辽宁大学民商法专业博士研究生,研究方向:民法学。

### 引言：我国国家治理的制度轨迹与民事立法的互动

2019年十九届四中全会《中共中央关于坚持和完善中国特色社会主义制度、推进国家治理体系和治理能力现代化若干重大问题的决定》（以下简称《决定》）的出台，标志着我国管理体制在由管制型向治理型的现代化跃升方面取得重要进展。《决定》提出，要"突出坚持和完善支撑中国特色社会主义制度的根本制度、基本制度、重要制度"，并将"坚持全面依法治国，建设社会主义法治国家"作为我国国家制度和国家治理体系的显著优势。现代治理体系以根本性、全局性、长远性的制度体系为核心表征，当前国家治理体系和治理能力的根本问题是健全社会主义法治体系，从而实现国家治理的法治化。民法是调整平等主体之间人身关系和财产关系的基本法，作为私法的核心，其功能是依循市场机制配置社会资源，保障社会主体的基本民事权益，维护交易秩序。民法是现代治理体系不可或缺的基础性制度体系，是一国法治体系的基础。因此，推动国家治理现代化必须推动民事立法的现代化，《中华人民共和国民法典》（以下简称《民法典》）的出台是健全国家治理制度体系的重要内容。

从民事立法的发展进程考察，国家治理的现代化转型与民事立法的演进存在相互促进的内在关联。《民法典》是民法规范的体系化，体现了民法规范的形式理性。作为中国民法的集成之作，从1986年4月12日第六届全国人民代表大会第四次会议通过《中华人民共和国民法通则》（以下简称《民法通则》），到2017年3月15日第十二届全国人民代表大会第五次会议通过《中华人民共和国民法总则》（以下简称《民法总则》），直至《民法典》的出台，我国国家治理历经了计划经济时代的国家管制到放松管制直至社会主义市场经济体制下的治理现代化变革的不同发展阶段。民事立法回应国家治理方式的变迁呈现不同阶段的立法目标和调整特点。在改革开放初期，国家尚处于计划经济向市场经济转型的过渡时期，国家治理处于行政管制的高权时代，《民法通则》在较大程度上体现了义务本位的理念，例如，合同效力制度规定了不得违法指令性计划、承认以工商管理机关为代表的行政主体的较大范围的无效合同确认制度。从十一届三中全会确立了社会主义市场经济体制，到1999年中国参加关贸总协定谈判的"入世"进程开始，国家管制取向放松，公权力渐次收缩。《合同法》《物权法》《侵权责任法》和系列商事专门性法律出台，释放了长期受到压制的市场和社会自治的活力。2014年中共十八届四中全会作出《关于全面推进依法治国若干重大问题的决定》，明确提出全面推进依法治国的总目标是建设中国特色社会主义法治体系，建设社会主义法治国家。在此阶段，中国特色社会主义法律体系已经形成，国家治理正式进入法治化阶段。党的十八大以来，国家治理现代化目标渐次推进。习近平总书记强调指出："推进国家治理体系和治理能力现代化，必须坚持依法治国，为党和国家事业发展提供根本性、全局性、长期性的制度保障。"十八届四中全会提出编纂民法典的立法部署，明确适时出台《民法典》。2017年《民法总则》的出台标志着民事立法不再采用"从批发到零售"的立法路径，而是顺应新时代建设社会主义法治国家的治理转型要求，采取"两步走"的整体推进方式。按照国家2020年完成《民法典》编纂和颁布的立法规划，《民法典》经历抗"疫"的风雨洗礼如期出台。

  法治化是国家治理现代化的基础，国家治理现代化也是国家治理法治化。《民法典》出台是现代法治理念与国家治理进行深度融合的结果。在我国，治理进程的推进具有鲜明的国家主导性。民事立法的整体布局体现了国家权力对社会主体行为模式进行规范性评价的标准择取与控制。《民法典》的编纂直接源于国家顶层战略部署，根本上取决于特定时代所面临的具体问题。反向观之，《民法典》提升了法律对社会生活的组织能力，对社会发展需求具有回应性。"《民法典》历来不是一个单纯的技术性法律文本，而是一个国家进行社会重构的决定性文本。"❶ 从两者变化关系上看，一方面，国家治理的现代化转型推动了《民法典》取向于现代治理的制度设计；另一方面，民法以其稳定的制度保障回应了现代治理转型的法律诉求，使国家治理过程通过民法制度加以定型化。由于国家治理的内容宏大，理论交错，本文仅根据《决定》的精神，按照国家治理的理念、价值、主体、秩序和制度定型化的基本框架维度，解析《民法典》对国家治理的推动作用。

## 一、《民法典》以私法原则彰显自治的理念

现代社会中，治理的本源意义是多元治理主体共同参与的"自治"与"他治"的有机结合。《决定》提出，中国特色国家治理的核心是"坚持和完善人民当家作主的制度体系，发展社会主义民主政治"。其制度需求是充分调动自治主体的自治能力，在政治国家和市民社会分离下强调自治和他治之间的工具选择和公权力管制的限度，发挥市场机制、社会自治在治理体系中的能动性。长久以来，民法调整的人身关系和财产关系是社会自运行的基础要素，在现代治理的理念下，国家治理法治化要求弘扬民法作为自治法的规范特质，对社会运行要素进行逻辑自治的适当调整，以此优化社会的自我构序能力，弥合政府管制的结构性缺陷。

在计划经济时代，国家与社会之间存在内在同一性关系，"父爱主义"下政府包揽社会，国家治理化约为政府管理。市场经济体制的建立和完善使我国经济完成体制转型，竞争机制引入后，国家治理以"政府—社会"的二元区隔为理论预设，社会公共领域从政府管理中独立出来并获得自运行空间，国家治理转型核心表征正在于改造传统的政治结构，在社会形成自治的结构性领域。❷ 因为，国家

---

❶ 石佳友：《民法典的"政治性使命"》，载《山东法官培训学院学报》2018年第1期。
❷ 邓正来：《国家与社会：中国市民社会研究》，北京大学出版社2008年版，第3页。

治理的动力不仅来自政府的意志，更要体现社会自身的推动。在治理主体上，实现国家治理转型的途径是收缩国家权力，实现社会共治，激活社会自治的潜力。现代治理转型的发展进程已从公权力的"一治"到公权力、社会组织参与的"多治"，传统的国家治理主体走向分立，谋求以多元主体共治代替政府单边管制，最终达到社会主体自我规制的最佳境界。在行为模式上，国家治理释放了社会公共领域，以制度化的交往理性弥合单纯强制的权威正当性不足缺陷。治理的主要因素是以公民秩序的理性原则来制约官方权力，社会公共领域的交往实践具有"自我指涉性"，行动者持有一种施为性态度，积极加入到重构和维持公共领域之结构的共同事业中。❶ 社会关系依据法治确立的规则和程序来运作，由制度保障的参与性共识代替了传统的强制性命令。

1. 《民法典》以自愿原则体现民事活动的自治精神

自愿原则是民法的本源性内涵和公理性原则。民法承认民事主体的自我谋划具有正当性和优先性，只要未逾越法律基于公序良俗和基本社会秩序设定的强制性效力规定，尽量排除公权力对主体的行为结果进行预设和干预。私法自治与社会自治主体的行为特征具有同构性，表现为现代治理主张国家强制转向自我规制，发挥社会自在规则的自我约束作用。民法规范的形成机制是设置主体平等基础上的调整性规则，促成并维护社会的良性自我运行。埃利希指出，"民法本质上在追随社会的发展，权利不是来自法条，而是来自人与人的关系，来自婚姻、契约和遗嘱"。民法规范的形成逻辑主要遵循法律对既存行为规范的发现，是行动中的"活法"，私法秩序属于自

---

❶ 郑永流主编：《商谈的再思：哈贝马斯〈在事实与规范之间〉导读》，法律出版社 2010 年版，第 275 页。

生自发秩序。❶ 国家治理的规则导向与《民法典》调整方式具有同质性，《民法典》通过自愿原则将调整社会主体关系的自治理念法律化。

2. 《民法典》确认社会自治主体的法律地位

在主体性构造方面，《民法典》具有自治法属性，要求立法者的目光不仅辐射社会的一般主体、关注民法典的初始功能——自然人个体层面的行为自由，而是同样注重团体自治中的交往理性和公共秩序的培育，重视自治主体的法律塑造。

一般意义上，《民法典》遵循市场取向的社会运行逻辑，映衬了"从身份到契约"的社会交往关系转变，整体上确认了社会主体之间的契约自治性。社会学理论认为，社会的第一环节就是人的需要体系，这一体系实际上就是交换、消费等构成的市场体系。❷ 由于市场的发展，已使民法在一定程度上演变为"交易法"，❸ 交易行为是民事法律行为的典型，交易秩序的维护鲜明地标示了民法的财产法特征；《民法典》将保护民事主体的合法权益作为立法目的之首；第4条至第7条分别确立了平等原则、自愿原则、公平原则、诚实信用原则。在主体资格方面，改变了自然人和法人的主体二分法的实定法划分结构，赋予"非法人组织"民事主体资格，使不具备独立承担责任能力的市场主体获得民事主体地位，回应了市场内生的主体规制需求。

在特殊意义上，《民法典》将中国特色的社会自治主体及其行为规范制度化。《民法典》构筑了蕴含公共理性的团体性法律主体人

---

❶ 关于"活法"的相关论述可参见［奥］欧根·埃利希：《法社会学原理》，舒国滢译，中国大百科全书出版社2009年版，第38—39页；汪洋：《私法多元法源的观念、历史与中国实践——〈民法总则〉第10条的理论构造及司法适用》，载《中外法学》2018年第1期。

❷ ［德］黑格尔：《法哲学原理》，范扬、张企泰译，商务印书馆2010年版，第203页。

❸ ［日］大村敦志：《民法总论》，江溯、张立艳译，北京大学出版社2004年版，第106—115页。

格，具体表现为各类依法设立的自治性法人组织。在社会学意义上，大社会中存在彼此重合的若干"部分性社会"，个人除了作为大社会的成员，还可能是众多自生自发的次级秩序的成员。❶《民法典》在"法人制度"一章确认了非营利法人的独立法人地位，明确了事业单位、社会团体、基金会、社会服务机构的权利和义务，将具有中国特色的村民委员会和居民委员会自治主体规定为特别法人主体。这保障了非营利法组织能够有效地参与社会自治，完善了城乡社会治理的组织体系。放眼国际，《民法典》对社会自治主体的法律构造具有中国特色。1804年颁布的《法国民法典》被奉为近代民法的先驱，该法典的立法哲学是以理性自然法为基础，没有规定法人制度，以自然人权利行使和保障为主线，开篇第7条规定了"一切法国人均享有民事权利"。1900年公布的《德国民法典》作为现代民法的代表，以康德理性哲学为基础，规定了社团、财团、公法人。我国《民法典》创造性地系统规定了营利法人与非营利法人的内部组织规范和外部行为规范，回应了现代社会的民主自治要求。

3. 《民法典》确立了以"法律行为制度"为核心的自治行为规则

民事法律行为制度为社会自治主体与政府主体互动过程中的协商民主提供了基本的法律保障。私法自治确立了以双方当事人合同行为为核心的协商规则，通过主体之间的自主协商达成民事法律行为上的合意，促使社会关系的发生尊重主体的自由和选择权利，由此使民法具有浓厚的程序性色彩，❷ 以及吸收各方参与人利益表达的功能。因为合意本身不仅限于解决民事事务，更多地扩至社会事务调处中公权力主体与相对人之间的合作、协商、利益互换过程。自

---

❶ ［英］弗里德利希·冯·哈耶克：《法律、立法与自由》第1卷，邓正来译，中国大百科全书出版社2000年版，第68页。

❷ 易军：《私人自治与私法品性》，载《法学研究》2012年第3期；宁红丽：《民法强制性规范的反思与优化》，载《法学》2012年第4期。

愿原则所衍生的契约自由作为多元主体协商式治理的核心机制，奠定了交往式互动秩序的基础。具体表现为：首先，《民法典》借助决议行为规则，使团体内部的组织活动在私法评价体系中获得程序性的价值判断和实体法上的规则指引。其次，当代国家治理模式已由威权规制向合作共治转变。在国家治理中，政府治理的合法性在于社会自治主体对公共管理的认同和管制的正当性。这两方面得以达成关键在于商谈民主程序的引入，即以交往理性代替强制命令。❶商谈民主本质上是运用私法合意机制对公法活动进行程序化的塑造和评价。《行政诉讼法》确认了行政协议的司法可诉性，意在回应政府治理中大量采用的合作治理所产生的纠纷解决需求。最后，私法合意的程序功能延展为《民事诉讼法》《仲裁法》解决纠纷的自治精神，回应救济权从自力救济到国家公力救济，再到自治救济的转变。2019年2月最高人民法院《人民法院第五个五年改革纲要（2019—2023）》强调深化多元化纠纷解决机制改革，完善"诉源治理"机制，坚持把仲裁、调解等非诉讼纠纷解决机制挺在前面。不同于司法权强制介入的诉讼机制，多元纠纷解决机制意在促进当事人长期合作博弈，谋求形成共建共治共享的社会治理格局。私法自治原则赋予当事人纠纷解决程序的选择权和程序性处分权，为纠纷解决的社会治理提供了制度工具。

## 二、《民法典》以权利保障实现国家治理的内在价值

权利保障是国家治理的内在价值旨归，是现代政府行为的出发点和落脚点。政府治理必须坚持以人为本，秉持公共理性，而权利保障的公平正义性是实现治理公共理性的基础。马克思在对黑格尔"公民是国家观念自我运动的产物"展开批判时指出，"国家只表现

---

❶ 郑永流：《商谈的再思》，法律出版社2010年版，第6页。

为一种规定,即人民的自我规定","国家的本质是现实的人"。❶ 这些深邃的思想洞见从唯物主义角度确立了国家治理的价值基础在于"人本性",要求法治激发社会成员的主体意识,保障其主体地位的实现。

《民法典》秉持体现时代性的权利观念,构建了私权保障的完整体系。其一,主体制度完成了自治主体的法律地位安排;其二,权利制度完成了私权和法益的系统构建,在民事权利发现和确认的基础上,将其体系化,并提供侵权损害的有效救济。由此,民法能有效地促进国家治理的实施。其原因在于,国家治理以程序制度为装置,以行政权力—相对人权利结构为载体,并具体化为政府行政权力—社会公行政权力、政府权力—相对人权利、社会公行政权力—相对人权利等多维平衡结构。❷ 治理并非支配,现代治理的过程是实现社会主体的参与,从外部的他治走向主体的自治,社会主体作为相对人具有治理的主体性特征。法治对治理主体构造的回应是,在国家治理的价值层次上,认可人的实践理智并尊重人的自主性,将人当作能为自己的前途进行计划和控制的人;在制度层次上通过系统的权利规则为人们提供选择生活方式的自由。

1. 《民法典》建构权利巩固人的主体性地位

"权利意识是主体意识在法观念中的具体反映"❸,民法定位于权利法,从管理向治理的转化,为民法调整方法的运用提出了时代性要求,挖掘社会领域的治理活力有赖于民法对主体权利的体系化确认和保障,激发社会治理主体的自主性。

法理学中的权利理论认为,权利的类型化标准起源于对个人意思所能独立支配的范围的划分。萨维尼指出,个人的意思支配有三

---

❶ 《马克思恩格斯全集》(第一卷),人民出版社2002年版,第143页。
❷ 石佑启、杨治坤:《中国政府治理的法治路径》,载《中国社会科学》2018年第1期,第72页。
❸ 张文显:《迈向科学化现代化的中国法学》,载《法制与社会发展》2018年第6期,第7页。

个对象，即本人、不自由的自然以及他人，这正是人格权、所有权和债权运行的基本范畴。❶ 民法上的权利属于私权，其特征是自主性、自我责任性和人格的自由发展。这种私人自主进路的权利观源于对人的地位的界定和完善要求，具有康德理性哲学的浓厚色彩。哈贝马斯认为，在康德"人作为理性存在者就是能够设定目的的存在者"基础上形成的权利观体现了一种元法律的人的概念，因而具有一种不可工具化的独特价值。❷ 在人的定位方面，我国《民法典》更为注重主体性的塑造和丰盈。

首先，《民法典》改变了《民法通则》对于调整对象的立法排序，将人身关系前置于财产关系，扭转了传统民法"重物轻人"的体系缺陷。人身权和财产权的规定凸显了国家治理所倡导的人文关怀、人本主义。其次，《民法典》"总则编"通过提取"公因式"的方式以权利为核心配置各章具体制度，并统摄各编形成体系。在总则的逻辑结构中，除了基本规定、期间计算和附则之外，分别规定了权利的主体（自然人、法人、非法人组织各章）、权利的类型（第五章）、权利的行使（法律行为、代理各章）以及权利的救济（民事责任、诉讼时效各章）。在分则各编以物权、债权（合同制度及侵权制度）、人格权、身份权（婚姻家庭和继承）展开民法确认的各项具体权利。其中，人格权独立成编是中国立法的特色，提升了人格尊严在基本法的保障水平。《民法典》出台以前，我国并不存在人格权的单行立法，人格权编的设立旨在"打造新时代保护人民民事权利的'权利法典'"❸。人格权的本质是行为权，显示为人格发展自由的一种实现形式。

---

❶ ［德］萨维尼：《当代罗马法体系》（第一卷），朱虎译，中国法制出版社 2010 年版，第 260 页。

❷ ［德］哈贝马斯：《在事实与规范之间：关于法律和民主法治国的商谈理论》，童世骏译，生活·读书·新知三联书店 2011 年版，第 549 页。

❸ 罗沙、丁小溪：《民法典分编草案：如何更好保护人民民事权利》，载《中国人大》2018 年第 9 期。

再次,《民法典》采纳了两种人格权的生成机制,根据《民法典》第 990 条第 2 款的规定,除了第 1 款明确列举的人格权具体类型外,尚包括自然人基于人身自由、人格尊严产生的其他人格权益,后者为"权利的发现"提供了立法依据,从而保持了人格权益体系的包容性和开放性。《民法典》全面提升了人的主体地位,更奠定了社会成员在建构交互性关系中的基本秩序。

2.《民法典》培育人与人协作的"主体间性"

社会结构的变迁促使权利的内涵不断演进,其要求权利的观念不但为新型权利的生成提供基础,而且应体现公共领域的交往理性。拉兹反对诺齐克提出的"每个人的权利是追求其他目标的边界约束",主张"权利并不独立于集体善,而是依赖并服务于集体善"。❶哈贝马斯更为明确地主张,私人自主与公共自主相互保障,在一个权利体系中,二者是相互参照的。❷我国《民法典》体现了权利观念的时代性变化,在个人自由的基础上,兼顾建立和维护人与人之间的合作关系。例如,在法人的设立方面,《民法典》将《民法通则》规定的法人设立的法定条件调整为倡导性条款,于第 58 条规定:"法人应当依法成立。法人应当有自己的名称、组织机构、住所、财产或者经费。法人成立的具体条件和程序,依照法律、行政法规的规定。设立法人,法律、行政法规规定须经有关机关批准的,依照其规定。"这意味着除了法律、行政法规的特殊规定之外,法人的设立基础是成员之间成立组织体的合意和目标宗旨,而不是计划经济时代国家干预下的各项社会性功能的执行。又如,《民法典》对于合伙行为改采二元调整模式,将原位于《民法通则》"自然人"中的个人合伙调整至"非法人组织"项下的合伙企业和"合同编"项下的合伙合同,确立了合伙的主体型和契约型双重调整方式,以

---

❶ Joseph Raz, *The Morality of Freedom*, Clarendon Press, 1986, p. 255.

❷ [德] 哈贝马斯:《在事实与规范之间:关于法律和民主法治国的商谈理论》,生活·读书·新知三联书店 2011 年版,第 505—506 页。

保护特定公益与私益目的下的合作关系。再如，《民法典》"合同编"在原《合同法》有名合同的基础上，增加了保证合同、保理合同、物业服务合同、合伙合同等新型合同形态，以体现现代社会交往中的分工与合作关系，促进市场交易活动的法律定型化。同时，将不当得利、无因管理列为准合同，运用矫正正义机制扭转主体之间利益关系的失衡状态，配合有名合同中基于主体合意形成的交换正义，实现了社会正义的圆满保障。最后，总则以民事法律行为制度抽象出物权行为、债权行为和身份行为等全部法律行为的共性规则，并超越个人意思表示的语境，将决议行为纳入法律行为的调整范畴，健全了民事团体的自治工具。

## 三、《民法典》以良法夯实国家善治的制度基础

党的十八届四中全会提出"法律是治国的重器，良法是善治之前提"的重要法治判断，党的十九大报告进一步明确"以良法促进发展、保障善治"，指明了良法的实施效果向善治的治理效能的转化关系，这一论断将作为牵引法治中国建设的重要举措之一。从功能论的角度，法治具有双重内涵：作为法律原则的法治和作为治理原则的法治，后者体现了实质法治的要求。[1] 实质法治与形式法治相对，其关注法律的内容，要求法治不应仅探讨规范的来源和表达形式，更应促进社会福祉，良法就是实质法治的存在形式。早在古希腊罗马时期就已存在善治与良法的思想，亚里士多德认为"法律的实际意义应该是促成城邦人民进行正义和善德的永久制度"[2]。在司法裁判场域，拉兹将作为裁判依据的理由分为实质理由和权威理由。[3]

---

[1] Peter Rijpkema, "The Rule of Law Beyond Thick and Thin", *Law and Philosophy*, Volume 32, Issue 6, November 2013, pp. 795-796.
[2] [古希腊] 亚里士多德：《政治学》，商务印书馆1981年版，第138页。
[3] [英] 约瑟夫·拉兹：《实践理性与规范》，朱学平译，中国法制出版社2011年版，第41页。

实质理由通过自身内容的正当性来支持某个法律决定，如正义与善。"良法善治"的治理理念因应了形式与实质相统一的法治观。按照法学理论的基本要求，"良法"要求按照法律的内在规律性将中国特色的治理经验和做法"上升为制度"并进一步"转化为法律"，以法律的引导功能为提升治理能力提供引领作用。

第一，《民法典》开篇将"弘扬社会主义核心价值观"作为立法目的之一。❶ 社会主义核心价值观将涉及国家、社会、公民的价值要求融贯为一体，把社会主义本质要求、中华优秀传统文化、世界文明有益成果凝练为一体。❷《民法典》的立法目的条款融入社会主义核心价值观，充分体现了《民法典》与中国特色主流价值观的同源性和国家治理价值观与法律价值观的融合导向。

第二，《民法典》通过对社会核心价值标准的吸纳和法律原则、规则的转化，在指引主体行为时自觉渗入道德评价。纵观国家治理的历史沿革，都是以"法安天下、德润人心"的基本理念为前提，以"礼乐刑政"、法德共治理念为表现形式，这些珍贵的政治法治传统为中国特色社会主义制度的形成和发展奠定了深厚的历史基础。❸ 习近平总书记指出，国无德不兴，人无德不立。中华文明之所以能够经受住各种冲击而坚守根基，很重要的一个原因是法治和德治相结合的传统文化基因。可见，法治与德治的融合是我国国家治理的鲜明特色。作为制度性权威理由的实证法在确定其效力时，应坚持融入道德评价这一实质理由。

在法律原则层面，《民法典》首次将公序良俗作为民事活动的基本原则，并在法律行为制度中将违反公序良俗作为行为效力判断的

---

❶ 2012年党的十八大报告对社会主义核心价值观的主要内容凝练为："富强、民主、文明、和谐，自由、平等、公正、法治，爱国、敬业、诚信、友善。"
❷ 张文显：《国家制度建设和国家治理现代化的五个核心命题》，载《法制与社会发展》2020年第1期，第26页。
❸ 张文显：《国家制度建设和国家治理现代化的五个核心命题》，载《法制与社会发展》2020年第1期，第12页。

根据。公序良俗凝练并升华了民族共同的道德认知和评价,该原则源自民法之外,是旨在实践社会性价值的基本原则。[1]法治和德治相结合的传统文化基因,促使我国国家治理现代化建立在较高的道德水平之上,有效解决了社会自治领域的自省不足问题。《民法典》规定的公平原则、诚实信用原则,均是中华民族的传统道德观、自然正义观入法的典范,指引民事活动符合社会的主流价值,为主体行为的法律评价引入社会共同价值标准,有利于自治的优化。

在法律规则层面,由于民法的伦理属性,《民法典》分则规定的诸多民事规则吸纳了道德正当性评价标准。例如,将道德上的可归责性作为分配当事人责任或使之承受不利益的判定标准。《民法典》第1165条规定:"行为人因过错侵害他人民事权益造成损害的,应当承担侵权责任。依照法律规定推定行为有过错,行为人不能证明自己没有过错的,应当承担侵权责任。"过错归责的本质是民事行为人对于自由选择行为的疏忽负责。非限于侵权领域,过错责任也扩张至合同履行、缔约过程等其他领域,在无效民事行为的法律后果、无权代理等制度中均有体现,成为民法限定个人自由和行为边界的基本基准。由于采取道德性的判断方式,过错要素运用于相关规则有助于与社会主流价值相契合,使抽象的法律规则具有鲜活的社会正义价值。此外,《民法典》规定了禁止权利滥用的民事权利行使规则,并对善意当事人的民事行为效果给予积极的法律效力评价,如"物权编"的善意取得制度,代理授权、代表授权中善意相对人保护的信赖利益原则,都体现了商事交往中对理性经济人提出的道德约束要求。

## 四、《民法典》保障并规范政府治理秩序

党的十九大报告指出,"全面依法治国是国家治理的一场深刻革

---

[1] 易军:《民法基本原则的意义脉络》,载《法学研究》2018年第6期,第68页。

命",《决定》进一步将"坚持和完善中国特色社会主义行政体制,构建职责明确、依法行政的政府治理体系"作为提升国家治理能力的任务之一。国家治理的核心是政府主体的依法之治。将政府治理纳入法治轨道,建立健全党委领导、政府主导、社会协同、公众参与、法治保障的制度机制,是当代中国国家治理改革的重大问题。❶政府治理包含政府对自身的治理和对公共事务的合作治理两层含义,政府依法之治的本质是规范公权力的理性运行。首先,政府治理具有积极能动性意涵。政府依法之治并不意味着弱化政府权力,而是应促进"有为"的积极行政。通过合理配置行政权力,优化治理能力。其次,政府治理赖于从法治角度的授权和控权,应实现"有限政府"下的公权力干预的比例性。"法定职责必须为"的行为准则要求政府既应有效履行其职能,又不至于侵蚀社会自治主体的权利边界和市场机制运行的空间。最后,在新时代,国家治理的改革方向是放权和培育市民社会,激活社会活力,确立自治与他治的界限划定及调整规则,形成政府治理与社会治理的互塑与共进。

民法对于有效的政府治理具有积极的建构作用和消极的控权作用。在积极的促进作用方面,因为"私法的请求权可以辅助公法规范,发挥其作用"❷,使得私法具有补强公法规范效力的功能。在消极的控权作用方面,体现在公法对私法、公益对私益的谦抑态度。民法的价值具有"外溢性",在我国载有"半部宪法"的期许。❸法国启蒙思想家孟德斯鸠认为:"国家需要某一个人的财产的时候,绝对不应当凭借政治法采取行动;在这种场合,应该以民法为根据;在民法的慈母般的眼里,每一个个人就是整个的国家。"❹民法通过

---

❶ 石佑启、杨治坤:《中国政府治理的法治路径》,载《中国社会科学》2018年第1期。
❷ [德] 弗雷德曼·沃尔夫:《物权法》,吴越、李大雪译,法律出版社2002年版,第189页。
❸ 王涌:《民法典编纂的雄心、野心与平常心》,《凤凰周刊》2015年第10期(总第539期)。
❹ [法] 孟德斯鸠:《论法的精神》(下),张雁深译,商务印书馆1963年版,第191页。

对私权保障进行实体和程序上的系统性规定，释明市民社会不同于政治国家的运行逻辑，厘定私主体自由行为的边界，发挥限制国家权力的功能。

其一，《民法典》"总则编"赋予机关法人"特别法人"的法律地位，规定了机关法人具备独立经费，依据其职能要求从事民事活动的独立法人地位和民事权利能力及行为能力。《民法典》关于机关法人的规定与《宪法》、相关国家机关组织法的行政法规范相呼应，为政府依法独立行使治理职权提供了法律保障。此外，《民法典》通过创新民事规范，赋予侵犯私权情形下行政机关主动作为的义务。《民法典》"侵权责任编"修改了高空抛物致人损害的规定，将原《侵权责任法》第87条规定的："从建筑物中抛掷物品或者从建筑物上坠落的物品造成他人损害，难以确定具体侵权人的，除能够证明自己不是侵权人的外，由可能加害的建筑物使用人给予补偿。"修改为第1254条："禁止从建筑物中抛掷物品。从建筑物中抛掷物品或者从建筑物上坠落的物品造成他人损害的，由侵权人依法承担侵权责任；经调查难以确定具体侵权人的，除能够证明自己不是侵权人的外，由可能加害的建筑物使用人给予补偿。可能加害的建筑物使用人补偿后，有权向侵权人追偿。物业服务企业等建筑物管理人应当采取必要的安全保障措施防止前款规定情形的发生；未采取必要的安全保障措施的，应当依法承担未履行安全保障义务的侵权责任。发生本条第一款规定的情形的，有关机关应当依法及时调查，查清责任人。"强化了公安机关对居民社区公共安全先行承担调查责任，促使政府依法主动承担公共安全保障义务。

其二，《民法典》在自身规则体系化后勾勒了私法的外延轮廓，划定政府治理中公权力干预的边界，这源于民法具有"通过直接塑造民法社会从而间接呈现政治国家的法技术指征"❶。当今社会，随

---

❶ 张力：《民法转型的法源缺陷：形式化、制定法优位及其矫正》，载《法学研究》2014年第2期，第80页。

着国家治理任务的扩容和升级，民法在构筑鼓励自治的财产交易秩序时，亦附带促成政府管制目标，立法者必须在法典内适当的地方架设通过其他法律领域的管线。❶ 民法与其他法律之间"管道条款"的设置虽有助于公私法之间保持评价口径的一致和协调，但带来了私权受到公权压制的隐患。为纾解此立法弊端，首先，《民法典》将民事法律行为效力的标准进行严格收缩，于第143条规定："违反法律、行政法规的强制性规定的民事法律行为无效，但是该强制性规定不导致该民事法律行为无效的除外。违背公序良俗的民事法律行为无效。"该条基于鼓励交易、公权力干预的比例原则，对公权主体和私主体之间关系进行调整，在保障交易的公共秩序与私人法益之间进行平衡。其次，《民法典》针对无效法律行为的法定类型在《民法通则》《合同法》基础上进行事由调整和类型收缩。例如，《合同法》第52条规定了"一方以欺诈、胁迫的手段订立合同，损害国家利益；恶意串通，损害国家、集体或者第三人利益；以合法形式掩盖非法目的"等五种无效合同的情形。《民法典》将欺诈、胁迫手段实施的法律行为作为可撤销的情形；将以合法形式掩盖非法目的进行的行为无效的规定，调整为以虚假的意思表示隐藏的法律行为效力，依照有关的法律规定处理。此外，结合最高人民法院陆续出台的相关司法解释，鼓励交易的立法精神转化为限制无效合同的裁判理念，最大限度地保障民事主体自由行为的空间，制约公权力对私法自治的过度干预和扩张。《民法典》第793条新增了关于"建设工程施工合同无效，但是建设工程经验收合格的"参照工程款约定进行司法保护的规定。❷ 2021年实施的《关于审理城镇房屋租

---

❶ 苏永钦：《寻找新民法》（增订版），北京大学出版社2012年版，第42页。
❷ 《民法典》第793条规定："建设工程施工合同无效，但是建设工程经验收合格的，可以参照合同关于工程价款的约定折价补偿承包人。建设工程施工合同无效，且建设工程经验收不合格的，按照以下情形处理：（一）修复后的建设工程经验收合格的，发包人可以请求承包人承担修复费用；（二）修复后的建设工程经验收不合格的，承包人无权请求参照合同关于工程价款的约定折价补偿。发包人对因建设工程不合格造成的损失有过错的，应当承担相应的责任。"

赁合同纠纷案件具体应用法律若干问题的解释》（法释〔2020〕17号）对以未履行规划审批手续、未履行建设手续建设的房屋订立租赁合同的纠纷，规定许可当事人补办审批手续，恢复合同效力。❶ 最高人民法院《关于当前形势下审理民商事合同纠纷案件若干问题的指导意见》（法释〔2009〕40号）区分了效力性强制规范与管理性强制规范，从总体目的上限制司法权否定合同的效力。❷ 2019年11月最高人民法院出台《全国法院民商事审判工作会议纪要》（法〔2019〕254号），在合同效力上进一步区分未生效合同、无效合同、效力待定合同、可撤销合同，使司法权干预合同效力体现层次性。

最后，《民法典》通过民事责任的优先原则排除公法责任对私法利益的觊觎，促进政府的自我治理。《民法典》第187条规定："民事主体因同一行为应当承担民事责任、行政责任和刑事责任的，承担行政责任或者刑事责任不影响承担民事责任；民事主体的财产不足以支付的，优先用于承担民事责任。"突破了原《侵权责任法》第4条的适用情形，将民事责任优先承担条款的适用范围从侵权责任扩至全部民事责任。因为，行政责任、刑事责任和由民事责任引起的罚款等请求权并非国家正常的财政来源，但民事赔偿的责任承担则涉及民事主体的基本生存利益保障，该条款具有辅助宪法实施的重要功能。我国《宪法》不仅明确规定"国家尊重和保障人权"，

---

❶ 最高人民法院《关于审理城镇房屋租赁合同纠纷案件具体应用法律若干问题的解释》第2条规定："出租人就未取得建设工程规划许可证或者未按照建设工程规划许可证的规定建设的房屋，与承租人订立的租赁合同无效。但在一审法庭辩论终结前取得建设工程规划许可证或者经主管部门批准建设的，人民法院应当认定有效。"第3条规定："当事人以房屋租赁合同未按照法律、行政法规规定办理登记备案手续为由，请求确认合同无效的，人民法院不予支持。当事人约定以办理登记备案手续为房屋租赁合同生效条件的，从其约定。但当事人一方已经履行主要义务，对方接受的除外。"

❷ 最高人民法院《关于当前形势下审理民商事合同纠纷案件若干问题的指导意见》第15条规定："人民法院应当注意根据《合同法解释（二）》第十四条之规定，注意区分效力性强制规定和管理性强制规定。违反效力性强制规定的，人民法院应当认定合同无效；违反管理性强制规定的，人民法院应当根据具体情形认定其效力。"

其第三章"公民的权利和义务"中规定了属于人权范畴的民事权利，国家应通过民事责任优先制度，最大限度地维护民事权利。

### 五、《民法典》的形式理性助推国家治理的定型化

《决定》提出，推进国家治理体系和治理能力现代化的总体目标是，到中国共产党成立一百年时，在各方面制度更加成熟更加定型上取得明显成效。"《民法典》作为系统化的民事法律规范，固定和保障国家治理体系中的市场行为、个体生活等私权行为模式，对国家治理衍生出巨大的制度和秩序动力。"❶ 韦伯认为"形式理性是法所追求的最高层次的合理性"❷，采取法典化的形态，是民事立法具备形式理性的集中体现。

1. 《民法典》的编纂提升国家治理的能动性

"法典化不在于汇集、汇编、提高或改进现存的法律，而是借助于新的系统性和创造性法律建构一种更好的社会制度。"❸ 在我国，以法典化为主线的民事立法经历了从单项松散立法的零售模式到法典化的统一立法模式、从固定改革成果到与改革双向耦合的转变。法典化之前的民法立法体现为对国家发展进程的被动响应，主动参与社会调整的能力薄弱。既有的松散民事单行法虽然提供了法典化的主要素材，但我国的《民法典》系通过编纂活动形成，不同于汇编行为，其并非将现有民事立法"就地重排"，而是以制定一部法典为目标，是形成新的系统化的法律的创制活动。《民法典》通过七编式的立法体例，在整合现有民事法律制度的同时，确立了全新的法律原则和规则，更加注重运用制度优势对国家治理需求进行能动性

---

❶ 陈晶莹：《民法典：保障大国善治的法律重器》，《光明日报》2020年6月13日。

❷ [德] 马克斯·韦伯：《经济与社会》（下卷），林荣远译，商务印书馆2004年版，第191页。

❸ [德] 弗朗茨·维亚克尔：《近代私法史》（上），陈爱娥、黄建辉译，上海三联书店2006年版，第321页。

回应。至此，民事立法不再是阶段性改革成果的镜像和被动呈现，而与国家改革构成双向耦合，是国家治理模式现代化转型的直接驱动。

2. 《民法典》的体系性使国家治理走向规范化

《民法典》是民法体系化的最高形式。体系化方法的核心在于以法律概念为纽结形成法律体系，概念既是从具象事实到抽象规则的连接点，又是从具体性规则到共同性规则的归纳点。❶ 形成方法上，与"基于案例的推理"的经验性方法相对，后者充斥具象的法律规则，其间缺乏连贯的体系逻辑。体系化后的民法实现了法律调整社会关系的系统化和协调化，限制国家治理中权力运行的恣意性和非连贯性。

《民法典》的体系性尤其强调涉及民事权利的立法必须遵从逻辑并具备完善的形式，❷ 并以规范的体系和科学严谨的表达形成了民事权利保障的体系效益。《法国民法典》制定时，法国立法者就认为个人自治的原则可以派生出许多法律规范，如果这些规范以条理清楚的形式加以规定，就可以奠定一个理性的社会秩序的基础。❸《民法典》将民事法律规范以体系化的外观形式呈现，解决了权利保障的"非常态"问题。近年来，随着市场交易的复杂化和多领域改革的兴起，在欠缺法典一体性规范的情况下，民事关系调整的司法解释、行政法规、部门规章、地方性法规等低于法律位阶的法源形态迅速递增，民事权利保障领域广泛存在着低位阶法源优先适用、非正式法源挤占正式法源的"倒金字塔"现象，这为公权机关恣意干预私权提供了制度可能。民法体系化的首要功能在于寻找规范的便利，体系内部不仅能够存储规范，而且通过概念、原则、规则间逻辑关

---

❶ 姜燕：《论民法体系的理性与经验——以萨维尼理论的历史性和体系化为视角》，载《河南社会科学》2016年第7期，第18页。

❷ 孙宪忠：《我国民法典编纂中的几个问题》，载《中国人大》2016年第19期，第41页。

❸ 关涛：《民法典的形式理性》，载《法制与社会发展》2003年第5期，第191页。

系的整体布局，可内化规范之间的矛盾，减少找法过程中的搜寻、权衡成本。❶ 这将有效解决未进入法典的法源形态侵占权利保障空间、降低权利保障规格的法律实施中的失范现象。此外，法典化有助于增强权利保障的确定性。法典化之前的《民法通则》《合同法》《物权法》等重要民事基本法制定于不同时期，受制于经济社会发展进程的阶段性，这些立法存在评价标准矛盾、重复评价、立法缺漏等整合难题。在既定立法框架下，民法的体系性主要通过方法论意义上的法律解释工作实现，即通过运用体系解释方法，化解法律规范之间的冲突，谋求规范评价的和谐统一。体系解释方法的运用具有个别性和滞后性，无益于从根本上提升民法规范的质量。《民法典》的编纂从立法的层面实现了民事法律规范的整合，极大地限缩了执法者和司法者对权利规范进行剪裁性适用的空间。

3. 《民法典》的开放性保持国家治理的包容性

《民法典》是调整社会生活的"一般私法"。通过"提取公因式"的立法技术、设置抽象法律概念而制定的"总则编"，具有统摄全部私法关系的总纲性定位，对整个民商事法律体系保有统摄力，其规范呈现出一定的规整弹力性和一般原则性，从而确保了体系化后的民法具有不断产出规则的衍生功能。有必要指出的是，我国虽采取法典化的法源形态，但作为《民法典》开放性的主要体现，习惯在《民法典》中取得了正式法律渊源的一般性地位。不同于制定法，习惯的规范性效力源于反复实践的社会事实，对习惯效力的采纳实质上表明认可社会主体通过自我组织而形成的自控性秩序，法源形态的开放性满足了多主体参与共治的合作型治理需要。

---

❶ 苏永钦：《体系为纲，总分相宜——从民法典理论看大陆新制定的〈民法总则〉》，载《中国法律评论》2017年第3期。

## 结 语

衡量《民法典》是否成功,取决于其立法能否主动参与国家治理改革的进程,释放自身蕴含的制度效益。《民法典》承载了对治理模式转型进行制度表达的政治使命,通过对既有规则的筛选、新规则的确认,发挥塑成新的社会秩序的价值形成功能。可以预见,未来在《民法典》实施与国家治理的互动共塑过程中,二者必将释放巨大的协同效应。《民法典》的制度优势向治理效能的转化效果值得期待。

## Function Interpretation of the Civil Code in Promoting Modernized State Governance

Gou Jie　Tong Tong

(School of Law, Liaoning University, Liaoning 110136)

**Abstract**: The evolution of civil legislation has a deep interactive relationship with the process of state governance. The codification of civil law is the concrete projection of the modernized state governance in the field of rule of law. The civil code manifests the concept of autonomy and optimizes the self-ordering ability of the society with the normative characteristics of private law. The legislative orientation of the law on the protection of rights implements the "humanism" value of state governance. By promoting good governance with good laws and integrating socialist core values into the guidance of the subject's behavior, the moral foundation of good governance has been consolidated. By standardizing the exercise of governmental power, the civil code tries to enhance the legitimacy of governance and shape a benign interactive order of communication. The significant formal rationality of the civil code improves the institutional governance ability and makes it tend to be stable. As a model of civil legislation with Chinese characteristics in the new era, the synergistic effect between the institutional benefit and the governance effect of the civil code is worth expecting.

**Key Words**: Civil Code; State Governance; Systematization; Law of Autonomy; Good Law and Good Governance

# 生态环境损害不应适用惩罚性赔偿*
## ——以制度功能为视角的分析
刘佳奇**

**内容摘要：**《民法典》第1232条在将惩罚性赔偿制度引入环境侵权领域的同时，也留下了较大的制度解释空间。《民法典》中新增加的生态环境损害能否同环境私益损害一样主张惩罚性赔偿，法律规定并不明确，学术界也存在一定分歧。理论上，依法适用惩罚性赔偿主要在于体现或发挥其惩罚侵权人、遏制侵权行为、激励受害人起诉、凭借私法机制实现公共行政规制四大功能。鉴于我国生态文明体制改革过程中创设的生态环境损害赔偿制度有其特殊性。结合既有改革方案和法律制度体系，如果在生态环境损害中引入惩罚性赔偿，不仅无法实现或发挥上述四大功能，反而会使制度的实施出现的合法性危机。因此，生态环境损害不应适用惩罚性赔偿。

**关键词：** 生态环境损害 惩罚性赔偿 《民法典》 制度功能

---

\* 基金项目：本文是教育部人文社会科学重点研究基地重大项目"生态文明与环境治理机制变革研究"（批准号：19JJD820005）；辽宁省社会科学规划基金项目"全面依法治国背景下的循环经济核心法构造研究"（L2018CFX004）的阶段性成果。

\*\* 刘佳奇，辽宁大学法学院副教授，研究方向：环境资源法学。

## 问题的提出

作为一部具有鲜明中国特色、实践特色、时代特色的民法典，此次我国《民法典》的编纂可谓"亮点频出"。其中之一，就是在环境侵权中引入惩罚性赔偿制度（具体为《民法典》第1232条）。应该说，这是对社会关注的积极回应，符合我国生态文明建设的现实需要，对保护生态环境、严厉惩戒侵权行为人、安抚被侵权人情绪，以及在我国构建完善的惩罚性赔偿制度大有裨益。[1] 但一个不容忽视的问题是，《民法典》没有将惩罚性赔偿作为普遍的民事责任承担方式，而将法律明确规定作为适用惩罚性赔偿制度的条件。[2] 进而，《民法典》中有关污染环境和破坏生态责任主要包括两方面的内容：一是私益损害，指向传统意义上的人身、财产损失；二是新增加的生态环境损害，指向生态环境本身的"不利益"。[3] 其中，对于环境侵权造成的私益损害适用惩罚性赔偿，无论是解读具体法律规定还是得到理论支持，均无较大争议。但对于生态文明体制改革过程中创设的生态环境损害能否同样适用惩罚性赔偿，不仅法律的规定尚不明晰，而且学界对此也是莫衷一是。如有学者指出，只有将惩罚性赔偿也同样适用于全部诉讼形式，才能保证惩罚性赔偿在适用范围上的周延性，从而使其制度作用范围覆盖全部环境侵权领域。[4] 但亦有学者指出，生态环境损害的救济方式应以修复责任而非赔偿责任为中心，而惩罚性赔偿制度主要是在遏制环境违法行为的

---

[1] 余珍：《生态环境领域，怎么用好惩罚性赔偿？——谈〈民法典（草案）〉第1232条的合理性与缺陷》，载《中国生态文明》2020年第2期。

[2] 黄忠顺：《惩罚性赔偿消费公益诉讼研究》，载《中国法学》2020年第1期，第264页。

[3] 黄薇主编：《中华人民共和国民法典侵权责任编释义》，法律出版社2020年版，第174页。

[4] 申进忠：《惩罚性赔偿在我国环境侵权中的适用》，载《天津法学》2020年第3期。

同时，加强对弱势受害者的环境私人利益的赔偿。❶

一般认为，作为一种超出实际损失额的高额赔偿，惩罚性赔偿源于英美法系国家，其更加注重制度的功能而非理论体系的逻辑。无独有偶，该制度在我国产生并得以迅速发展，也根源于转型时期利益冲突造成的社会问题。❷ 也就是说，在虽有法律规定但仍存在"模糊空间"（如国家能否被解释为"被侵权人"）的情况下，对于生态环境损害是否应当适用惩罚性赔偿，必须首先从制度功能的视角进行深入分析。本文认为，生态环境损害没有必要或不应引入惩罚性赔偿，因为我国既有的生态环境损害赔偿制度不需要惩罚功能，也无法发挥惩罚性功能。适用一种非常规的民事责任承担方式，将导致制度的低效率，甚至存在被滥用的风险。

## 一、生态环境损害不需要发挥惩罚性赔偿的惩罚功能

在"主体平等"与"同质救济"两大传统私法理论体系的基本理念指导下，❸ 成文法国家（尤以大陆法系德国最为典型）的民事损害赔偿制度以"补偿性赔偿"为原则，基本上排斥适用惩罚性赔偿。但诚如某些学者所言，当今社会私法主体在财产、知识、信息、认知等方面的差异日趋悬殊，有社会优势地位的主体凭借所掌握的社会资源披着"形式平等"的外衣侵害弱势群体的利益，以致于形式平等成为掩饰实质不平等的合法手段。❹ 又因为对私人利益损害的经济救济主要是来自加害人的民事赔偿，那么当补偿性赔偿难以弥补受害人的长久损失时，就有必要在民事赔偿中设置惩罚性赔偿。

---

❶ 李丹：《环境损害惩罚性赔偿请求权主体的限定》，载《广东社会科学》2020年第3期。
❷ 江帆、朱战威：《惩罚性赔偿：规范演进、社会机理与未来趋势》，载《学术论坛》2019年第3期。
❸ 关淑芳：《惩罚性赔偿制度研究》，中国人民公安大学出版社2008年版，第55页。
❹ 侯东德：《生物安全损害惩罚性赔偿制度研究》，载《社会科学辑刊》2020年第4期。

由此观之，惩罚性赔偿制度可以被视为法律面对工业化和城市化进程带来结构性问题所作出的制度回应。其最直接的表现之一，就是要求侵权人承担超出实际损失以外的超额责任（excess liability），以实现"实质公平"。❶ 因此说，惩罚性赔偿最基本的功能之一，就是依法对侵权人及其行为的惩罚。在我国，惩罚性赔偿的力度及适用范围明显呈现出"强化"与"扩大"的趋势，其中也不乏加大惩罚力度的考量。❷ 此次《民法典》编纂中将惩罚性赔偿引入环境侵权，是最为典型的例证。但是，这并不意味着新纳入《民法典》环境侵权范畴的生态环境损害，也当然就可以适用惩罚性赔偿。笔者看来，我国现行制度下的生态环境损害不需要发挥惩罚性赔偿的赔偿功能。

（一）既有的生态环境损害赔偿制度已经带有惩罚性

在理论上，惩罚性赔偿以受害人所受损失为基础进行确定，惩罚性赔偿金应当与补偿性赔偿金或实际损失额之间保持适当比例。❸ 而实际上，目前无论有关生态环境损害的鉴定评估标准，还是司法实践中对于相关标准的适用，都体现出生态环境损害赔偿责任的承担本身已经具有惩罚性。例如，依据原环境保护部办公厅印发的《环境损害鉴定评估推荐方法（第Ⅱ版）》（环办〔2014〕90号）关于生态环境损害的评估方法规定，造成生态环境损害，依据加害人未按有关规定进行无害化处理节省的经费，考虑受害的程度和行为人过错等因素，区分不同情况以1~9倍的系数评估其损害赔偿额。显然，这其中已考虑到过错因素，即过错越严重乘以的系数越高，应该认为这带有一定的惩罚性。❹

---

❶ 张保红：《论惩罚性赔偿制度与我国侵权法的融合》，载《法律科学》2015年第2期。
❷ 例如，为加大对知识产权保护及对相关领域侵权人的惩罚力度，《民法典》第1158条规定："故意侵害他人知识产权，情节严重的，被侵权人有权请求相应的惩罚性赔偿"。
❸ 朱广新：《惩罚性赔偿制度的演进与适用》，载《中国社会科学》2014年第3期。
❹ 刘士国：《民法典"环境污染和生态破坏责任"评析》，载《东方法学》2020年第4期。

例如，在重庆市人民政府、重庆两江志愿服务发展中心诉重庆藏金阁物业管理有限公司、重庆首旭环保科技有限公司环境污染责任纠纷案中，人民法院认定《鉴定评估报告书》根据该推荐方法，即Ⅲ类地表水污染修复费用的确定原则为虚拟治理成本的 4.5～6 倍。结合该案污染事实，取最小倍数即 4.5 倍计算得出损害量化数额为 320.3728 万元 × 4.5 = 1441.6776 万元。而所谓的虚拟治理成本，就是指目前排放到环境中的污染物按照现行的治理技术和水平全部治理所需要的支出。❶ 显然，在此基础上按照 4.5 倍计算生态环境损害赔偿责任，本身就带有一定的惩罚性。即使是无法评估或评估费用明显过高的，按照相关司法解释的规定，也需要在考虑过错程度等因素的基础上加以确定数额。❷ 既然生态环境损害赔偿制度的设计与司法实践中均已经考虑了惩罚性因素，似无必要再引入惩罚性赔偿以发挥其惩罚作用。

### （二）与其他惩罚性手段存在功能性重复

在我国既有的环境资源法律制度体系下，对于生态环境造成的损害除可主张民事侵权损害赔偿外，还可以单独或同时适用行政罚款和刑事罚金等惩罚性手段。例如，《草原法》第 68 条规定："未经

---

❶ 最高人民法院：《指导案例 130 号 重庆市人民政府、重庆两江志愿服务发展中心诉重庆藏金阁物业管理有限公司、重庆首旭环保科技有限公司生态环境损害赔偿、环境民事公益诉讼案》，载中国法院网，https://www.chinacourt.org/index.php/article/detail/2020/01/id/4772021.shtml，2019 年 9 月 29 日访问。

❷ 例如，《最高人民法院关于审理环境民事公益诉讼案件适用法律若干问题的解释》第 23 条规定："生态环境修复费用难以确定或者确定具体数额所需鉴定费用明显过高的，人民法院可以结合污染环境、破坏生态的范围和程度、生态环境的稀缺性、生态环境恢复的难易程度、防治污染设备的运行成本、被告因侵害行为所获得的利益以及过错程度等因素，并可以参考负有环境保护监督管理职责的部门的意见、专家意见等，予以合理确定"。而《最高人民法院关于审理生态环境损害赔偿案件的若干规定（试行）》第 22 条同时规定："人民法院审理生态环境损害赔偿案件，本规定没有规定的，参照适用《最高人民法院关于审理环境民事公益诉讼案件适用法律若干问题的解释》《最高人民法院关于审理环境侵权责任纠纷案件适用法律若干问题的解释》等相关司法解释的规定"。

批准或者未按照规定的时间、区域和采挖方式在草原上进行采土、采砂、采石等活动的,由县级人民政府草原行政主管部门责令停止违法行为,限期恢复植被,没收非法财物和违法所得,可以并处违法所得一倍以上二倍以下的罚款;没有违法所得的,可以并处二万元以下的罚款;给草原所有者或者使用者造成损失的,依法承担赔偿责任"。加之,从惩罚性赔偿的产生和发展来看,由于惩罚性赔偿具有加重责任的性质,即在赔偿受损之后,依法另行增加金钱负担。❶ 因此,为了防止被滥用或给行为人施加过度责任:一方面,自惩罚性赔偿产生以来,就一直以故意为要件;另一方面,法律设置惩罚性赔偿的重要目的之一,是对情节严重的行为进行制裁,而不仅仅是制裁故意侵权行为。❷

正因如此,《民法典》中有关生态环境的惩罚性赔偿的构成要件也是十分严格的,仅限于"故意违反国家规定"且"造成严重后果的"。这实际上不仅大大限缩了惩罚性赔偿适用的条件,同时也使得生态环境领域大量的惩罚性赔偿请求,往往也满足了生态环境行政处罚甚至刑罚的适用条件。也就意味着:一方面,适用惩罚性赔偿和行政处罚甚至刑罚对于生态环境损害具备同样的惩罚性功能,这会对侵权人产生双重惩罚甚至多重惩罚的效果,造成实质上的"一事多罚"。❸ 例如,在广州市人民检察院诉刘某消费民事公益诉讼纠纷案中,人民法院在判决中就认为:"惩罚性赔偿金与行政罚款、刑事罚金同属惩罚性债权,只不过前者属于私法债权,后两者是公法债权。"❹ 另一方面,由于民事、行政、刑事责任的构成要件、证明标准、举证责任等存在明显区别,对于国家和社会而言,同时适用

---

❶ 张红:《论〈民法典〉内外合同责任之惩罚性赔偿》,载《法学评论》2020年第5期。
❷ 王利明:《论我国民法典中侵害知识产权惩罚性赔偿的规则》,载《政治与法律》2019年第8期。
❸ 李丹:《环境损害惩罚性赔偿请求权主体的限定》,载《广东社会科学》2020年第3期。
❹ 具体可详见广州市中级人民法院(2017)粤01民初383号民事判决书。

上述手段就需要分别启动两个甚至多个程序，调查完全相同的问题，亦需不菲的成本。❶

### （三）在诉讼中的实际适用存在功能性障碍

一方面，虽然有学者主张国家应当属于前述《民法典》第1232条中"被侵权人"的范畴，而提起生态环境损害赔偿诉讼的地方政府及政府部门、机构组织是"被侵权人"国家所授权的诉讼代表人。但问题在于，惩罚性赔偿理论上自然可以由私人提起。而在相当多的情况下，侵权人的一个污染环境或破坏生态的行为，可能同时涉及环境私益侵权和生态环境损害。如果生态环境损害赔偿权利人作为"被侵权人"也同时主张惩罚性赔偿，就可能导致诉讼竞争问题。或言之，完全有可能存在"侵权人"的一个原因行为，引发私人和生态环境损害赔偿权利人同时作为"被侵权人"主张惩罚性赔偿的情况，这无疑将使其承担明显过重的责任。进而，如果人民法院考虑其责任负担过重而不支持其中任何一方的惩罚性赔偿主张，则对于进入诉讼阶段的各该"被侵权人"而言又显不公。

另一方面，有学者主张，虽然《民法典》中规定"被侵权人有权请求相应的惩罚性赔偿"，但并未限定惩罚性赔偿的计算倍数（甚至是否一定要根据倍数计算也没有限定）。据此，法官可以根据具体案情确定惩罚性赔偿的数额，如果行政处罚已经满足了相当性的惩罚要求，也完全可以不适用惩罚性赔偿。有这两个条件的限定，在立法上为生态环境侵权留下惩罚性赔偿的接口，似乎并不会导致对侵权人的不公。❷ 但实际上，这种观点看似合理实则难以真正实现。因为在被侵权人主张惩罚性赔偿之前，需要依法先行垫付与其主张的赔偿数额相匹配的民事诉讼费用，而如果主张高额的惩罚性赔偿

---

❶ 赵鹏：《惩罚性赔偿的行政法反思》，载《法学研究》2019年第1期。
❷ 陈伟：《环境污染和生态破坏责任的二元耦合结构——基于〈民法典·侵权责任编〉（草案）的考察》，载《吉首大学学报（社会科学版）》2020年第3期。

金因为适用了行政处罚等其他惩罚性手段而得不到人民法院的支持,其不免要实际承担(或分担)相应的高额诉讼费用。考虑到生态环境损害赔偿诉讼的原告是有关政府或其职能部门,如果因此而由其承担此额外的高额诉讼费用,不免有"国有资产处置不当甚至流失"之嫌。同时,如果此笔原本可以避免的"额外"费用由被告(侵权人)分担,明显也不合理。

## 二、生态环境损害不应该发挥惩罚性赔偿的遏制功能

即便惩罚性赔偿不是以惩罚为目的,它仍可以通过剥夺加害人的非法利益,使之得不偿失,从而遏制其从事侵权行为的冲动。同时,巨额的惩罚性赔偿对社会上潜在的侵权人也能产生很好的"杀一儆百"的作用,并预防侵权行为的再次发生。❶ 正基于此,理论上惩罚性赔偿又被称为示范性赔偿,以突出其所具有的遏制功能。考虑到,造成环境污染或生态破坏的主体,往往是企业事业单位或其他生产经营者,是故,在环境侵权领域引入惩罚性赔偿,除可填补受害人所遭受的损害外,明显也有利于提高经营者的违法成本,❷ 从而起到遏制违法以及侵权的功能。但这并不意味着对于生态环境损害这种特殊的环境侵权类型,也可以当然适用惩罚性赔偿并发挥其遏制功能。

### (一)侵权人逃避生态环境损害赔偿责任的可能性极低

工业与社会发展带来产品责任、工作歧视、环境污染等大规模侵权。除了已经起诉的原告所遭受的损害外,大规模侵权还产生社会性损害(societal damage)。在相当多的情况下,传统的补偿性责

---

❶ 程啸:《侵权责任法》,法律出版社2015年版,第37—38页。
❷ 王雷:《惩罚性赔偿的证明难题及其缓解》,载《国家检察官学院学报》2020年第4期。

任难以完全涵盖上述侵权所导致的社会性损害,使得实际的责任承担"小于"实际的损害。正基于此,惩罚性赔偿的引入在一定程度上就担当起对现代社会"失范秩序"重建的制度角色,以遏制这种侵权人对其全部、应负责任的"制度性逃避"。申言之,其不仅仅针对加害者给原告造成的损害,而是包括加害者对所有受害者和整个社会造成的损害。但与此同时,不同侵权行为的特点、后果不同,侵权人逃脱责任的概率不同。而理论上认为,侵权人逃避损害赔偿责任的可能性越高,支持惩罚性赔偿的理由越充分。❶ 从这个角度来看,对于生态环境损害而言,侵权人逃避损害赔偿责任本身的可能性明显是极低的。

其主要原因在于,我国生态环境损害赔偿制度的适用有明确的条件。结合相关司法解释和改革文件的规定,或是发生较大、重大、特别重大突发环境事件;或是在国家和省级主体功能区规划中划定的重点生态功能区、禁止开发区发生环境污染、生态破坏事件;或是其他严重影响生态环境后果的情况。显然,这些都是生态环境治理中被高度关注的区域、问题。以突发环境事件为例,甚至有专门的立法——《突发环境事件应急管理办法》加以规制。质言之,可能成为生态环境损害赔偿权利人的主体,在主张赔偿之前原本就有对于这些行为的监管、处置、处罚等职权(责)。如果侵权人造成生态环境损害后仍能逃避赔偿责任,那也就意味着相关主体职权(责)本身的行使也是缺位的,甚至可以说是整个生态环境管理体系的"失灵"。在此情况下,如果仍然允许被侵权人(或原告)向侵权人(或被告)主张惩罚性赔偿以遏制侵权行为,显然有违诉讼的基本逻辑且有失公允。

---

❶ 阙占文、黄笑翀:《论惩罚性赔偿在环境诉讼中的适用》,载《河南财经政法大学学报》2019 年第 4 期。

## （二）过度遏制将不当提高制度成本

任何法律制度的建立和实施都需要消耗一定的成本，但是这种成本的负担应当控制在必要、合理的范围内。特别是对于法律制度的适用对象而言，过高的制度成本无疑将对其造成一种不当负担。既不符合公平正义的基本法治要求，也有悖于制度应当追求的效率价值。对于可能造成生态环境损害的自然人、法人或非法人组织而言，在原本就已经依法承担行政处罚甚至刑罚的基础上，再由《民法典》规定必要的生态修复或赔偿责任，已经极大地提高了其违法成本。不仅如此，随着我国生态环境领域的相关立法不断强化和完善，通过按日连续处罚、提高罚款数额上限、限制生产、停产整治、行政拘留、降低刑事责任的适用条件等，不仅进一步提高了违法成本，也显著增强了遏制生态环境损害的作用。例如，在新修订的《固体废物污染环境防治法》中，已经将相关违法行为行政处罚的固定数额上限提升至五百万元。如果再加入惩罚性赔偿的强大遏制力，过高的赔偿负担可能导致行为人继续采取过高标准的预防行为，从而进一步加重其日常或生产经营活动中的守法成本。

更重要的是，生态环境一旦受到损害，即使是在既有的法律制度体系下其生态环境赔偿费用往往数额已经较大，实践中已经出现了因费用无法负担而导致的"执行难"问题。如果再适用惩罚性赔偿，过高的赔偿数额可能导致判决更加难以执行，反而不利于纠纷的解决以及生态环境的恢复。[1] 申言之，果真在生态环境损害中适用惩罚性赔偿，则被侵权人可能首先需要"深入考量"侵权人的赔偿费用负担能力，进而"选择"是否主张赔偿以及要求惩罚性赔偿。果真如此，极可能导致"选择性索赔"和"类案不同判"的情况出现，严重影响生态环境损害赔偿制度的法律实效乃至司法的公平正义。

---

[1] 王利明：《论我国民法典中侵害知识产权惩罚性赔偿的规则》，载《政治与法律》2019年第8期。

## 三、生态环境损害不能够发挥惩罚性赔偿的激励功能

考虑到补偿性赔偿金可能不足以弥补受害人的真正损失,受害者可能遭受法律经济分析中所认识到的"理性的冷漠",即当花费与预期的审判结果相比较,受害人可能会发现它太昂贵以至于不能对侵权行为人提起诉讼。❶ 有鉴于此,惩罚性赔偿能够通过弥补受害者在维权过程中产生的金钱、时间成本,甚至给予维权者比损失更多的收益,以提升维权动力。例如,1857 年的 Hopkins v. the Railroad(36 N. H. 9,A. D. 1857)一案中,Perley 法官解释了采用惩罚性赔偿的原因,其认为:私人诉讼中违法者被起诉并实现正义事关公共利益,而且当补偿性赔偿数额有限时通过惩罚性赔偿以弥补私人原告诉讼过程的麻烦与费用。❷ 正是基于这种实用主义的逻辑,激励原告起诉也是引入惩罚性赔偿的重要动因之一。❸ 但考虑到我国生态文明体制改革过程中创设的生态环境损害赔偿制度具有特殊性,完全不能期待引入惩罚性赔偿以实现其激励原告发起诉讼的功能。

### (一)生态环境损害赔偿的责任承担方式特殊

我国的生态环境损害赔偿制度针对的是生态环境本身的"不利益",而非被侵权人的人身、财产方面的损失。正因如此,《民法典》第 1234 条首先规定,"生态环境能够修复的,国家规定的机关或者法律规定的组织有权请求侵权人在合理期限内承担修复责任"。仅在"侵权人在期限内未修复的"情况下,"国家规定的机关或者

---

❶ [奥] 赫尔穆特·考茨欧、瓦内萨·威尔科克斯:《惩罚性赔偿金:普通法与大陆法的视角》,窦海洋译,中国法制出版社 2012 年版,第 278 页。
❷ 转引自江帆、朱战威:《惩罚性赔偿:规范演进、社会机理与未来趋势》,载《学术论坛》2019 年第 3 期。
❸ 梁书文、黄赤东主编:《消费者保护法及配套规定新释新解》,中国民主法制出版社 1999 年版,第 978 页以下。

法律规定的组织可以自行或者委托他人进行修复，所需费用由侵权人负担"。显然，其责任承担方式——修复生态环境主要定位于对生态环境本身的修复或替代性修复，而非像传统侵权一样对损失进行货币化衡量。实际上，生态环境受损后到底在多大程度可以量化、用何种方法加以量化，本身就是一个问题。采取不同标准、不同方法计算出的"赔偿金"，相互间可能存在相当的差距。正因如此，在生态环境损害赔偿的实践中，无论是司法鉴定机构还是损害评估机构更关注如何采取措施修复生态环境的功能而非计算损失可折合的"金钱数额"。进而，即使要求赔偿义务人"付费"，也主要是修复生态环境这种责任在实现方式上的变化（即从亲自履行到支付履行修复责任所需的费用）。此外，既有制度设计中已经考虑到了"维权"成本的合理负担问题。例如，《民法典》第 1235 条规定的生态环境损害范围中就包括"生态环境损害调查、鉴定评估等费用"以及"防止损害的发生和扩大所支出的合理费用"。亦即，即便考虑"维权"过程中产生的金钱、时间等成本，上述成本在既有制度内已经得到了充分的考量。在此情况下，再引入惩罚性赔偿以实现激励功能明显没有必要。

（二）主张生态环境损害赔偿的主体特殊

《生态环境损害赔偿制度改革方案》明确规定："国务院授权省级、市地级政府作为本行政区域内生态环境损害赔偿权利人。省级、市地级政府可指定相关部门或机构负责生态环境损害赔偿具体工作。省级、市地级政府及其指定的部门或机构均有权提起诉讼"。也就是说，我国生态环境损害的赔偿权利人（诉讼发起人）按规定为有关级别的人民政府或其指定的部门或机构。实践中，这些部门或机构主要是省、市级人民政府所属的生态环境、自然资源、林业草原、水行政等在环境资源领域负有监管管理职权的有关部门。如果由其作为赔偿发起主体主张惩罚性赔偿，明确存在合法性危机。

这是因为，惩罚性赔偿与受害人所受损失密切相关，其惩罚性赔偿金的用途或者归属有着特定的指向。换言之，惩罚性赔偿的赔偿金理论上应当归属受害人或诉讼中的原告所有。否则，其激励功能的发挥也将无从谈起。也正因如此，原则上惩罚性赔偿可以与行政罚款、刑事罚金并行适用。❶ 但显然，生态环境损害赔偿诉讼的发起人（原告）一方面不是真正意义上的"受害人"（充其量是"受害人"的代表或获得其授权），另一方面同时还是负有环境资源监督管理权的行政机关。如果其可以主张惩罚性赔偿，那么在制度间比较和成本收益的考量下完全有可能出现两种情况。其一，既以执法者的身份对造成生态环境损害的主体适用公法手段加以惩罚，又在生态环境损害诉讼中对其主张惩罚性赔偿。其二，致污染环境、破坏生态的行为于不顾，待其严重到造成生态环境损害的程度再诉至法院主张惩罚性赔偿。果真如此，前者通过二次惩罚虽然可能给行为人造成刻骨铭心的教训，但未考虑到主张惩罚性赔偿的同时，会使所谓的"受害人"获得意外收益甚至飞来横财。❷ 而后者更是完全背离了环境资源法律制度以预防为主的基本价值目标和功能定位。例如，环境行政处罚的目的主要在于确保生态环境规制和预防体系有效运行，一旦违反管制规范即可径行处罚，完全而无须也不能坐等生态环境实际损害结果的发生。

### （三）适用生态环境损害赔偿的程序特殊

无论是前述的改革方案还是司法解释，生态环境损害并不当然需要通过诉讼的方式加以解决。按照现行规定，只有经磋商未达成一致或者无法进行磋商的，方可提起生态环境损害赔偿诉讼。在磋商程序中，赔偿权利人根据生态环境损害鉴定评估报告，就损害事实和程度、修复启动时间和期限、赔偿的责任承担方式和期限等具

---

❶ 申进忠：《惩罚性赔偿在我国环境侵权中的适用》，载《天津法学》2020年第3期。
❷ 王利明：《论我国民法典中侵害知识产权惩罚性赔偿的规则》，载《政治与法律》2019年第8期。

体问题与赔偿义务人进行磋商，统筹考虑修复方案技术可行性、成本效益最优化、赔偿义务人赔偿能力、第三方治理可行性等情况，达成赔偿协议。可见，磋商不仅是赔偿诉讼的前置必经程序，而且该程序达成的磋商协议明显是基于公平合理的价值理念。而从《民法典》的表述看，是否主张惩罚性赔偿是被侵权人的权利（即法条表述为"有权请求"）。据此，如果允许对生态环境损害主张惩罚性赔偿，那么现行规定中的赔偿权利人完全可以以各种理由造成磋商未达成一致或磋商不能的"局面"，从而"依法"绕开磋商而选择在之后的诉讼阶段主张更高额的惩罚性赔偿。如此一来，不仅将陷侵权人于明显的不正义。更严重的是，这将严重背离磋商程序乃至整个生态环境损害赔偿制度设计的初衷。❶

## 四、生态环境损害不可能发挥惩罚性赔偿的公共行政规制功能

受国家财力、物力、人力等资源的制约，单独依赖公权查处的路径难以实现通过提高违法行为发现概率的方式实现遏制功能的目标。而惩罚性赔偿制度通过受害主体与违法主体之间博弈方式的改变，增加受害者的维权意愿，以此弥补国家能力的不足。是故，从民法的角度看，惩罚性赔偿可以被视为"私法机制达成公法目的一种特殊法律责任制度"；❷而从行政法的角度看，惩罚性赔偿在我国的兴起很大程度上是源于既有行政规制体系的失灵。或言之，惩罚性赔偿在我国的引入和发展是对行政规制失灵的回应。❸考虑到污染环境或破坏生态的行为本身具有分布广泛、来源复杂、相对隐蔽等特点，本就容易导致监管执法过程中不免存在"防不胜防""百密

---

❶ 实际上，设置磋商程序本身就是减少消耗司法资源，提高生态环境损害赔偿制度实际效率的一种设计。

❷ 金福海：《惩罚性赔偿制度研究》，法律出版社2008年版，第57页。

❸ 赵鹏：《惩罚性赔偿的行政法反思》，载《法学研究》2019年第1期。

一疏"的情形。加之,我国生态环境的监管执法力量基本呈"倒金字塔"机构。亦即,基层的监管执法力量相对薄弱,特别是与大量的案件、违法行为等的查处之间存在较大的差距。因此,当环境侵权领域引入惩罚性赔偿后,理论上确实可以起到借助私人维权有效补强生态环境公共规制能力。但是,这种公共行政规制功能对于生态环境损害而言是无效的。

一方面,生态环境损害受损的利益或诉的利益在性质上虽然存在争议,但无论争议的是属于公共利益还是国家利益,其基本上可以定义为非传统意义上的私益。而正如有学者所言,惩罚性赔偿针对的仍是私犯,而非侵害了社会公共利益和国家利益的公犯,故它的根本任务仍是保护受害人个体的利益,而不是整个社会公共利益和国家利益。❶ 另一方面,也是更重要的一点在于,生态环境损害的赔偿权利人或诉讼发起人如前所述本身就是具有公共行政规制职能的主体,如果期待其通过惩罚性赔偿发挥公共行政规制的作用,那背后的逻辑或制度前提必然在于其原本应当承担的环境公共行政规制的职责没有履行或没有充分履行。此时,需要追责的恐怕远不止是生态环境损害的侵权人,所谓的赔偿权利人或诉讼发起人同样而且首先应当被追究责任。❷

## 余 论

本文从制度功能的角度入手,得出了生态环境损害不能适用《民法典》中有关环境侵权惩罚性赔偿的结论。而在我国既有的法律

---

❶ 白江:《我国应扩大惩罚性赔偿在侵权责任法中的适用范围》,载《清华法学》2015年第3期。

❷ 例如,《行政诉讼法》第25条第4款规定:"人民检察院在履行职责中发现生态环境和资源保护、食品药品安全、国有财产保护、国有土地使用权出让等领域负有监督管理职责的行政机关违法行使职权或者不作为,致使国家利益或者社会公共利益受到侵害的,应当向行政机关提出检察建议,督促其依法履行职责。行政机关不依法履行职责的,人民检察院依法向人民法院提起诉讼。"

制度体系中,除一般民法意义的环境私益侵权和生态环境损害之外,还有一种侵害环境公共利益的类型及相应的环境民事公益诉讼。从《民法典》生效后环境侵权惩罚性赔偿制度的司法实践看,在环境民事公益诉讼中主张惩罚性赔偿的司法案例已经存在,❶但是,对于侵害环境公益以及由此发起的环境民事公益诉讼而言,不仅依法存在社会组织和人民检察院两类性质完全不同的发起主体,且此种被侵害的利益(或诉的利益)又与生态环境损害所涉及的利益在范围和内容上高度相关甚至趋同。❷因此,在环境民事公益诉讼之中,公益诉讼的发起人(或原告)能否或者如何依据《民法典》的有关规定主张惩罚性赔偿,也是一个值得思考的问题。

# The Punitive Damages should not be applied to the Ecological Environment Damage

Liu Jiaqi

**Abstract**:Article 1232 of civil code introduces the system of punitive damages into the field of environmental tort. But it also leaves a large space for Institutional Interpretation. Especially, whether the newly added ecological environment damage in the civil code can claim punitive compensation as the general environmental private interest damage is not clear in the law, and there are some differences in academic circles. In theory,

---

❶ 2021年1月4日,浮梁县人民法院审理了公益诉讼起诉人浮梁县人民检察院与被告浙江海蓝化工集团有限公司环境污染民事公益诉讼一案并当庭宣判,除判决被告海蓝公司赔偿生态环境修复费用、环境功能性损失费用、应急处置费用及检测费、鉴定费共计2853665.56元外,还适用《民法典》第1232条判决其承担环境污染惩罚性赔偿金171406.35元。

❷ 例如,《最高人民法院关于审理生态环境损害赔偿案件的若干规定(试行)》第16条规定:"在生态环境损害赔偿诉讼案件审理过程中,同一损害生态环境行为又被提起民事公益诉讼,符合起诉条件的,应当由受理生态环境损害赔偿诉讼案件的人民法院受理并由同一审判组织审理。"

the application of punitive damages mainly embodies four major functions, such as punishing infringers, curbing torts, encouraging victims to sue, and realizing public administrative regulation by virtue of private law mechanism. In view of this, the ecological environment damage compensation system created in the process of China's ecological civilization system reform has its particularity. Combined with the existing reform program and legal system, if punitive damages are introduced into the ecological environment damage, it will not only fail to achieve or play the above four functions, but also cause greater and more legitimacy crisis in the implementation of the system. Therefore, the punitive compensation should not be applied to ecological environment damage.

**Key Words**: Ecological Environment Damage; Punitive Damage; Civil Code; System Function

# 【破产法治专题】

# 公司解散清算中的义务重构
## ——以去债权人中心化为视角
朱晓娟[*] 安晨曦[**]

**内容摘要**：公司解散清算存在"解散"与"清算"两个阶段。公司解散之后，除非是行政解散，否则公司能力不受到任何限制。仅在成立清算组之后，才进入清算阶段，进入清算阶段后才会将公司能力限制在清算事项之内。公司解散的效果仅为产生成立清算组的义务，而公司与股东、债权人的法律关系并未发生变化，因此相应的权利亦来自原先的法律关系，并非来自新的法律关系。在公司清算程序中，清算组具有类似管理人的地位，对股东负信义义务，而清算组与债权人之间仍然适用债之关系的相关规则。总之，清算组的义务均非来自于新的法律关系，无需特别规定；解散清算中债权人始终是通过债之关系与公司联系起来的外部人，因此不应给予

---

[*] 朱晓娟，中国政法大学民商经济法学院副教授，硕士研究生导师，研究方向：商法学。电子邮箱：legendzhxj@126.com。

[**] 安晨曦，中国政法大学民商经济法学院硕士研究生，研究方向：商法学。电子邮箱：acx_hcy@163.com。

其与破产清算相同的法律地位，否则将会发生债权人中心化的不当倾向。

**关键词**：公司解散　公司清算　公司能力　信义义务　债权人保护

## 一、问题的提出

《中华人民共和国公司法》（以下简称《公司法》）第 183 条规定，在解散事由出现之日起十五日内应当成立清算组进行清算，逾期不成立的人民法院可经债权人请求指定清算组。❶ 为落实以上规则，《最高人民法院关于适用〈中华人民共和国公司法〉若干问题的规定（二）》（以下简称《公司法解释二》）中对公司解散清算的程序与相关义务人的义务进行了详细的规定，不过有关解散清算义务的规定存在较多问题。

表 1 《公司法解释二》有关解散清算中义务的规定

| 义务主体 | 权利主体 | 法条 | 不当行为 | 法律后果 |
| --- | --- | --- | --- | --- |
| 有限责任公司的股东、股份有限公司的董事和控股股东，以及公司的实际控制人 | 债权人 | 第 18 条 | 未在法定期限内成立清算组开始清算，导致公司财产贬值、流失、毁损或者灭失 | 在损失范围内承担赔偿责任 |
|  |  |  | 怠于履行义务，导致公司主要财产、账册、重要文件等灭失，无法进行清算 | 连带清偿责任 |

---

❶《中华人民共和国公司法》第 183 条规定："公司因本法第一百八十条第（一）项、第（二）项、第（四）项、第（五）项规定而解散的，应当在解散事由出现之日起十五日内成立清算组，开始清算。有限责任公司的清算组由股东组成，股份有限公司的清算组由董事或者股东大会确定的人员组成。逾期不成立清算组进行清算的，债权人可以申请人民法院指定有关人员组成清算组进行清算。人民法院应当受理该申请，并及时组织清算组进行清算。"

《中华人民共和国公司法》第 180 条规定："公司因下列原因解散：（一）公司章程规定的营业期限届满或者公司章程规定的其他解散事由出现；（二）股东会或者股东大会决议解散；（三）因公司合并或者分立需要解散；（四）依法被吊销营业执照、责令关闭或者被撤销；（五）人民法院依照本法第一百八十二条的规定予以解散。"

续表

| 义务主体 | 权利主体 | 法条 | 不当行为 | 法律后果 |
|---|---|---|---|---|
| 有限责任公司的股东、股份有限公司的董事和控股股东，以及公司的实际控制人 | 债权人 | 第19条 | 在公司解散后恶意处置公司财产，或者未经依法清算，以虚假的清算报告骗取公司登记机关办理法人注销登记 | 赔偿责任 |
| | | 第20条 | 未经清算即办理注销登记，导致公司无法进行清算 | 清偿责任 |
| 清算组 | 债权人 | 第11条 | 未履行通知和公告义务，导致债权人未及时申报债权而未获清偿 | 赔偿责任 |
| | 公司或者债权人 | 第23条 | 违反法律、行政法规或者公司章程给公司或者债权人造成损失 | 赔偿责任 |
| | 公司、股东或债权人 | 第15条 | 执行未经确认的清算方案给公司或者债权人造成损失 | |

从上表中可以看出，《公司法解释二》对公司解散清算义务的规定，虽有一定的规律，也略显混乱。首先，义务主体被区分为"有限责任公司的股东、股份有限公司的董事和控股股东，以及公司的实际控制人"❶与"清算组"两类。但是，对应的权利主体，前者仅为债权人，后者则依具体情形而有所不同。其次，针对清算组的责任形式均为赔偿责任，针对前一类主体的责任形式则多种多样。最后，产生每一种解散清算程序义务的情形之间亦无明显的逻辑关联与逻辑顺序，从而整体上看起来缺少头绪。

不过，从对于义务主体与法律后果的列举中，可大致发现一些端倪：前一种情况下清算组尚未成立，而且不当行为均发生于清算开始之前；后一种情况下清算组似乎"吸收"了股东与董事的地位，

---

❶ 需要说明的是，《公司法解释二》第18条与第19、20条的表述方式有所不同，其在第1、2款中先列举了"有限责任公司的股东、股份有限公司的董事和控股股东"，再在第3款中"追加"了有关实际控制人的规定。不过，这两种表述方式的效果是完全相同的，在立法技术上不具有任何意义。

而且不当行为均发生于清算过程中。可见，"清算组成立"是一个重要的时间点，它似乎区分了解散清算的两个阶段。然而，既有研究并未明显区分解散与清算。因此，是否有必要作出此种区分亟待论证。如果有必要将解散清算区分为两个阶段，这两个阶段中的法律关系，特别是义务主体的义务来源是否有所不同，同样需要进行具体分析。

下文将按此思路，首先论证解散与清算的分离，再分别讨论公司解散后与公司清算中义务主体的义务内容及其来源，以期正本清源，理顺解散清算中法律关系的脉络。

## 二、解散与清算的分离：公司能力的差异

《公司法》第十章的名称为"公司解散和清算"，其虽然在语言上将公司解散和公司清算并列，但并未明确将公司解散和公司清算区分为两个不同的程序，也未说明二者之间的联系与差异。不过从性质上来看，公司解散主要指向公司的能力，而公司清算既是剩余财产分配的程序，也是以清算组替代股东大会决策的过程，同样指向公司能力。因此，在公司清算组成立前后公司的能力变化值得关注。❶

公司解散可分为四种类型，即约定解散、合意解散、行政解散与司法解散。其中，行政解散与司法解散为强制性解散，是法定解散，具有公示效力。相较于约定解散与合意解散，行政解散和司法解散与破产清算中的破产宣告更为相似，都具有确定且无可争议的效果，由其导致的公司解散是国家强制力干预的后果。而约定解散

---

❶ 公司是否正常经营会影响公司外部第三人的选择，在公司经营被限制时，法律会倾向于否认公司经营行为的效力以保护第三人利益，其中，公司能力作为公司经营行为的有效条件，法律多通过对其加以限制而实现对公司经营行为的否认。因此，公司能力的不同会影响公司在不同经营状态下通过经营行为形成的法律关系的内容及效果。参见方流芳：《关于公司行为能力的几个法律问题》，载《比较法研究》1994年第Z1期。

与合意解散不具备清晰的公示外观，它们只是公司内部的决定，因此在公司的外部人看来，可能难以判断公司是否已经决定解散。依据以上差异，下文在对解散进行区分的基础上，论证解散与清算的分离。

（一）意定解散不影响公司能力

在约定解散中，应对约定解散中的两个事由分别进行考虑：公司的存续时间是可被获知的，通过计算注册时间和经营期限即可获得；"章程规定的其他事由"虽随章程公示，但外部人无从获悉公司内部情况是否满足章程中规定的公司解散事由。合意解散中，公司内部以股东会或股东大会决议的方式作出解散公司的决议，法律认为即刻发生解散的效力，应成立清算组进行清算。从解散条件的产生程序和载体来看，约定解散中的"章程规定的其他事由"与合意解散具有相似性，二者均难以为公司外部人获知。

在此设想一例：假使公司内部作出决议，在短时间内通过股东会或股东大会决议废除解散决议，并继续经营了较长时间，此后他人才获知解散决议的存在并主张该公司应当进行清算程序。处理这一情形的关键就在于考虑解散本身应当具有何种效力。若解散的法律效果是公司主体的行为能力仅在清算事项的范围内存在，公司的股东会、股东大会、董事会等机构废除，公司经营活动停止，那么在决议作出的那一刻起公司就失去了继续经营的资格。尽管后续经营活动的效力可以通过第三人保护制度在个案中维持，但公司持续经营的可能性却无法实现。若解散程序的法律效果仅意味着公司应当开启清算程序，即解散程序仅仅作为清算程序的触发要件，那么解散决议不会发生实质性效果，公司在开启清算程序之前仍为正常经营状态，是否废除解散决议不影响后续经营。换言之，解散程序的法律效果是可以开启清算程序，而组织结构的废除、主体行为范围的限制等现象是清算程序开启之后才发生的法律效果。

一方面，正如《公司法》第 74 条❶第一款第（三）项、第 181 条❷所规定的，在公司章程规定的经营期限届满或者章程规定的其他解散事由出现时，如果股东会会议通过决议修改章程或者延长营业期限使公司存续，股东可以主张公司回购股权。以上条文表明，在符合解散事由时，股东会仍然可以通过决议修改章程，由此印证公司仍处在正常运作状态，解散程序产生的效果非公司机构的停止运作，公司的行为能力未受到限制。另一方面，既然我国法律允许公司自行延长经营期限并且允许公司自行设置解散事由，其合法性判断主要交由公司自行判断，❸那么相应的，公司亦可在约定解散事由出现时，自行决定是否解散。换言之，在约定解散事由发生后，公司仍然可以决定是否解散。

因此，公司解散后并不发生组织结构废除、行为能力限制等法律效果，而是以清算程序的开始作为相应效果的发生时点。那么，在解散程序开始与清算程序开始之间，公司的法律地位应当与未解散的公司别无二致。所以，解散程序的法律效果仅是清算程序的启动要件。但有观点认为，若解散后的公司的能力范围不发生变化，就无法保护相对人的权益。❹不过，正如上文所述，解散不同于破

---

❶ 《中华人民共和国公司法》第 74 条：有下列情形之一的，对股东会该项决议投反对票的股东可以请求公司按照合理的价格收购其股权：（一）公司连续五年不向股东分配利润，而公司该五年连续盈利，并且符合本法规定的分配利润条件的；（二）公司合并、分立、转让主要财产的；（三）公司章程规定的营业期限届满或者章程规定的其他解散事由出现，股东会会议通过决议修改章程使公司存续的。自股东会会议决议通过之日起六十日内，股东与公司不能达成股权收购协议的，股东可以自股东会会议决议通过之日起九十日内向人民法院提起诉讼。

❷ 《中华人民共和国公司法》第 181 条规定："公司有本法第一百八十条第（一）项情形的，可以通过修改公司章程而存续。依照前款规定修改公司章程，有限责任公司须经持有三分之二以上表决权的股东通过，股份有限公司须经出席股东大会会议的股东所持表决权的三分之二以上通过。"

❸ 侯慧芳，周梁：《公司解散、清算的法理基础及制度价值》，载《当代经济》2007 年第 3 期，第 28 页。

❹ 粟静：《清算中公司的权利能力与行为能力》，载《当代法学》2002 年第 5 期，第 56 页。

产，它的发生不意味着"资不抵债"情形的存在，符合约定条件或作出解散决议与经营状况不良并非相伴相生。因此，如果第三人在不知公司解散发生的前提下与公司发生交易，并不必然会导致第三人利益受损。纵然约定解散事由和解散决议无法被外部人获知，但公司的资产及经营状况都是有迹可循的。只要第三人认为公司的资产及经营状况适合交易，而交易又对自身利益有利，承认交易的有效性就不会损害第三人利益。所以，限制解散后至清算前这一期间内公司的行为能力是没有必要的。

## （二）法定解散并不普遍影响公司能力

在司法解散中，第三人保护的关键在于公示制度的完善。如果第三人获悉正在进行商谈的相对方已被司法判决解散，第三人从理性视角自然会停止交易；如果第三人未及时获得司法解散的信息，第三人也可以主张交易基础丧失以获得救济。由此可见，司法解散中保护外部第三人的利益、预防纠纷发生的最为关键的措施是落实公示制度。此外，司法解散的事由虽是公司经营管理困难，但也无法当然地推断出管理困难的公司必然"资不抵债"，处于盈利状态的公司甚至也可能被司法解散。❶ 因此，解散的发生与公司盈利情况并不挂钩，第三人与公司进行交易并不必然导致损失，且公示制度足以帮助第三人作出理性选择。因此，司法判决作出后至清算期间，无需对公司的行为能力予以额外限制。

与其他类型的解散不同，行政解散是对公司行为能力的直接限制。行政解散与其说是一种公司解散制度，不如说是行政机关对公司违法违规经营行为的行政处罚。与公司解散制度相比，其行政性和惩罚的意味更加浓厚，其主要目的在于以强制手段平衡私益与公

---

❶ 李建伟：《司法解散公司事由的实证研究》，载《法学研究》2017年第4期，第121页。

益，是行政干预市场经济的体现。❶ 不过，行政解散对公司经营行为的限制更多是行政层面的，即从行政角度对行为能力进行了限制，而非对其私法上能力的直接限制。❷ 换言之，公司的行为能力原本处于完满状态，而在行政解散的情况下，由于公权力的存在，公司的部分行为能力被国家强制力基于公共利益或市场制度的考量予以剥夺。这种对行为能力的限制并非意味着公司"天生"不具有完整行为能力，这不过是一种例外的、具体的限制，公司能力仅在行政干预范围内受限。

### （三）清算开始后公司能力受限

在进入清算程序后，清算组替代公司原本的组织机构负责公司的清算事宜，其职权范围决定了公司的行为能力应被限制在进行清算事项的范围内。因公司进入清算程序后，主体地位的终结已成为可预见的结果，公司不应再进行经营活动是合理的。❸ 相对应的，从理性的市场主体的角度思考，第三人在盈利目的的驱使下也不会与清算中的公司进行交易。因此，清算程序中的公司能力被限制在清算事项范围内是合理且符合交易习惯的。

正如图1所示，公司行为能力的变化始于清算程序的开始，它并非是解散程序的法律效果。解散程序仅是清算程序的触发要件，在正式进入清算程序前，公司的能力未受到任何限制，除非因行政解散而在行政干预范围内部分受限；在进入清算程序后，公司的能力才局限于清算事项。

---

❶ 金玄武：《公司行政解散和司法解散制度研究——以对公司解散的法理思考为基础》，载《法学论坛》2009年第1期，第93页。

❷ 李建伟：《论公司行政解散权的存废》，载《环球法律评论》2013年第5期，第63页。

❸ 刘文：《论我国公司清算人产生方式之完善》，载《西南民族大学学报（人文社科版）》2007年12期，第127页。

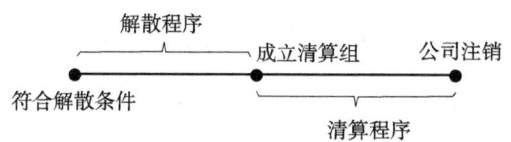

**图1 公司解散程序与清算程序示意图**

总之,解散后公司能力不受限,清算开始后才产生限制。如此解散与清算的分离是必然的,这也与法条以"清算组成立"为区分时点相呼应,也与两阶段义务主体的设置相对应。因此,解散与清算中的义务也应根据阶段的不同而分别分析与判断。

## 三、公司解散后的义务确认

解散、清算程序相对于一般情况下公司的运行程序为特殊程序,其相关规则与公司一般运行规则为特别法与一般法的关系。按照具有总分体例立法的原理,如果特别规则的内容与一般规则一致,那么它只不过是对一般规则的具体化。而若特别规则不同于一般规则,则一定对一般规则进行了变动,法律关系也一定会发生变化。❶

解散清算作为公司法中的特别程序,对其进行特殊规定的原因可能包括两点:第一,在解散清算程序中产生了新的法律关系,包括出现了新的权利主体、义务主体或原权利主体与义务主体之间产生了新的权利义务;第二,原法律关系在解散清算程序中具有新的特点,需要予以明确。❷ 基于此点,可在明确解散清算程序中的法律关系后,判断法律是否需要对所涉及的法律关系进行特殊规定。

---

❶ 易军:《原则/例外关系的民法阐释》,载《中国社会科学》2019年第9期,第89页。

❷ 解散程序相当于公司正常经营活动为特殊程序,其规则与公司正常经营活动规则对同一法律关系的规定为一般与特别的关系,应符合一般法与特殊法的制定规则。

## （一）公司解散后的义务内容与义务主体

我国普遍观点认为，解散、清算中的义务主体均为清算组，其负有的义务是信义义务。❶ 这一观点存在两个主要的问题：一是解散、清算中的义务主体是否一定为清算组；二是解散、清算义务的属性是否一定为信义义务。因普遍观点认为解散中清算组负信义义务，本文将首先对解散程序中是否存在信义义务、信义义务内容为何进行分析，并在此基础上对解散程序中以实现程序目的为行为目标的主体及其义务进行分析，从而确认解散程序中符合程序目的的相关法律关系的内容。

### 1. 义务内容：非为信义义务

在解散和清算二分的前提下，❷ 判断解散中义务主体的义务为信义义务这一观点是否正确的理论前提在于对信义义务的界定。信义义务来源于信托法，有关其本质存在多种学说，诸如财产理论、信赖理论、不平等理论、合同理论、不当得利理论、脆弱性理论、权力和自由裁量理论、重要资源理论，等等。❸ 这些理论多针对信托关系中受托人的义务来源进行讨论，但与公司法中信义义务的适用并非完全契合。在公司法中，普遍认为信义义务的存在是为了降低代理成本，且主要以解决公司代理问题的实际需要为目的。❹ 信义义务出现的原因在于公司法无法以合适的成本的解决管理人与剩余利益

---

❶ 孙强：《企业清算法律制度研究》，中国政法大学 2003 年博士学位论文，第 93 页。

❷ 正如前文所述，解散程序是清算程序的触发要件，解散程序的法律效果与清算程序的法律效果不同，故二者应区分对待。

❸ 范世乾：《信义义务的概念》，载《湖北大学学报（哲学社会科学版）》2012 年第 1 期，第 65 页。

❹ 徐晓松、徐东：《我国〈公司法〉中信义义务的制度缺陷》，载《天津师范大学学报（社会科学版）》2015 年第 1 期，第 53 页。

所有人之间存在的代理成本问题。❶ 在经过不断的发展后，公司法中的信义义务主要分为注意义务和忠实义务。❷ 基于人类理性的有限性、实际情况的变化，以及对成本收益的考虑，以较为宽泛的信义义务为判断标准是解决代理成本问题的较为有效的方式。因此，信义义务实际是以降低代理成本为目的而存在的，即在公司法中信义义务仅在与代理成本有关的部分出现，针对的主体均为董事、监事等高级管理人员。换言之，适用信义义务应以代理成本存在为前提。代理成本由委托人的监督成本、代理人的担保成本和剩余损失三个主要部分组成。❸ 它主要由委托人与管理人之间的信息不对称造成，是代理、委托、信托及类似法律关系中不可回避的问题。在判断是否存在代理成本前，首先应确定是否存在相似的法律关系，并以此为基础确定管理人和委托人，即信义义务的义务主体和相对应的权利主体。在公司中，股东与管理人之间的法律关系可以被归类为商事代理关系，它本质上是一种类似于民法中代理关系与委托关系的法律关系。❹ 在一般情况下，股东作为剩余利益所有人，对公司经营风险承担最终责任，因而管理人作为受托进行公司经营管理的主体，所造成的风险均由股东承担，故管理人应对股东负责。管理人受托进行经营管理与股东承担经营风险之间存在的缝隙，就是代理成本问题。由此也可印证信义义务与代理成本之间的联系。这是在公司正常经营过程中产生的法律关系和代理成本问题。而解散和清算作为特殊程序，其中的法律关系与代理成本问题应当特殊判断。

在正式进入清算程序前，公司的能力未受到任何限制，亦即其

---

❶ See Frank H, "Easterbrook and Daniel R. Fischel", *The Corporate Contract*, 89 Colum. L. Rev. (1989).

❷ 刘凯：《控制股东的信义义务及违信责任》，载《政法论坛》2009年第2期，第152页。

❸ 李寿喜：《产权、代理成本和代理效率》，载《经济研究》2007年第1期，第103页。

❹ 曾大鹏：《民法典编纂中商事代理的制度构造》，载《法学》2017年第8期，第82页。

经营活动仍可正常进行。在这个前提下，公司管理人造成的风险仍由股东承担，剩余利益所有人未发生变化。公司的代理成本仍发生在管理人控制权与风险承担者分离之间，管理人对股东负有信义义务。概言之，公司解散程序中公司的能力未发生变化，故而管理人与股东之间的信义义务内容并未因解散程序本身发生变化，仍与进入解散程序前的信义义务内容相同，这说明信义义务不是管理人与股东之间因解散程序而产生的特殊义务，不属于前文所述的特别法须进行规定的两种情形，无须由规范性文件于解散程序规则中进行额外规定。

如上文所述，解散与清算之间是承接关系，解散产生类似"清算适格"的效果，解散程序仅是清算程序的触发要件，解散的特殊法律效果是应当开启清算程序，主要体现为进行清算程序的义务的课加，即相关主体有义务在公司符合约定解散、合意解散、行政解散、司法解散中任意一种时，成立清算组进行清算程序。既然解散的效果只是开启清算，而且信义义务与正常情况下并无不同，那么解散中的义务也只应是开启清算程序，即成立清算组，而此种义务的履行则可以直接诉诸股权。

### 2. 义务主体：股东会或股东大会

在解散中存在多种法律关系，此部分的义务主体判断是指专属于解散的义务的承担主体。判断义务主体可以从解散程序的法律效果与义务内容考虑。解散的最终结果为进入清算程序，其设置目的应为为清算程序作准备。❶ 清算程序的首要步骤是建立清算组，清算组的成立象征着清算程序的正式开始，换言之，从解散转至清算的节点就是清算组的成立。因此，解散中的义务主体应是负责开启清

---

❶ 实证主义认为义务是基于规则产生的，而判断义务主体与义务关系应当从规则的合理性出发。但此时为审视规则的合法性，不得不反向思考义务是否是合理的。借鉴刑法中的作为义务的来源，本文认为可从先行为进行考虑，造成产生义务情形的主体应当承担义务。参见[奥]凯尔森：《法与国家一般理论》，沈宗灵译，商务印书馆2013年版，第321页。

算的主体,也就是负责建立清算组的主体。因此,可从清算组的形成程序中识别出解散中的义务主体。

《公司法》第 183 条❶的表述较为模糊,从条文字面含义来看,仅能确认有限责任公司与股份有限公司清算组的组成。相较于有限责任公司的简略规定,股份有限公司的相关规定中提到"清算组由董事或者股东大会确定的人员组成",似乎更为详细。但是,这句话存在两种解读方式:第一种,清算组的组成人员是股东大会确定的人员,或者董事;第二种,清算组的组成人员由股东大会和董事确定。依据《公司法》的相关规定,董事个人几乎不能单独作出决定,他们需要依托董事会决议才能行使权利。因而从体系解释的角度来看,由于董事个人并不具有较强的独立地位,所以不能采取第二种解释,那么清算组的组成人员要么是董事,要么是股东大会确定的其他人员。同时,"股东大会确定的其他人员"与董事在第 183 条中由"或"连接起来,二者存在并列关系,而董事本身也是由"股东大会确定的人员",因此似乎有必要认为,并非所有董事均当然是清算组成员,哪些董事可以充当清算组成员亦可由股东大会确定。与之相似,有限责任公司中组成清算组的股东同样并非全体股东,而是由股东会确定的部分股东。因此可以认为,股东会或股东大会最终决定由谁组成清算组,那么它们作为负责成立清算组的主体,也就是负有开启清算程序义务的主体。更何况,在意定解散的情况下,可以决定解散的主体,即可以修订章程和作出决议的主体,同样是股东会或股东大会,这进一步表明解散中负有义务的主体是股东会

---

❶ 《中华人民共和国公司法》第 183 条规定:"公司因本法第一百八十条第(一)项、第(二)项、第(四)项、第(五)项规定而解散的,应当在解散事由出现之日起十五日内成立清算组,开始清算。有限责任公司的清算组由股东组成,股份有限公司的清算组由董事或者股东大会确定的人员组成。逾期不成立清算组进行清算的,债权人可以申请人民法院指定有关人员组成清算组进行清算。人民法院应当受理该申请,并及时组织清算组进行清算。"

或股东大会,甚至可以说是全体股东。❶

(二) 公司解散的利害相关人

待以特殊规范单独进行规制的解散程序中的法律关系,须为解散程序中新的法律关系或具有新特点的法律关系。已知解散程序新产生的法律关系中,义务主体为全体股东,义务内容为成立清算组,为明晰法律关系的完整内容,须对相对应的权利主体予以确定,即确认成立清算组这一义务的利害相关人。除此之外,还应注意因义务主体不履行义务而受影响的主体,该部分主体可能会因义务主体的履行情况而获得一定权利,如与公司经营活动利益相关的债权人,债权人的权利实现与公司的状况相关,解散程序的进行与结束会影响公司的状态。因此,债权人作为与公司进行交易的相对方有权在公司终结或有可能终结前要求获取对价,以避免利益受损;并且,股东作为剩余利益所有人,有权请求在公司终结时请求分割剩余利益。因此,本文对可能与全体股东产生利益的关涉的股东与债权人进行分析,以判断其与全体股东之间的法律关系是否需要由解散程序规则进行特别规范。

1. 股东

在解散程序中,义务主体是股东会、股东大会或全体股东,其与股东之间,存在两种法律关系:一种为既有的基于出资产生的单个股东与全体股东之间的法律关系。在既有关系中,股东借助出资行为将所有权转为股权,其对股东会或股东大会的请求以股权为基础。另一种为小股东与大股东之间在程序进行中可能会因义务主体履行义务的情况而产生的利益纠纷关系。

---

❶ 若将股东会与股东大会作为独立于股东个体组成的集合体的机构,也就是认为股东会与股东大会并非简单地代表全部或多数股东利益,而是以公司的独立利益为目的,则股东会、股东大会与全体股东存在差异;若认为公司利益即为股东利益的集合体,则股东会、股东大会与全体股东不存在差异。本文采后一种理解。

在第一种法律关系中，全体股东对剩余利益的分割更像是按份共有的分割，且股东与全体股东之间不存在任何委托、代理、信托或相似的法律关系。在此种情况下，股东针对全体股东提出请求的基础可以认为是基于出资获得的权利，即由所有权转化而成的股权。❶ 在解散中，涉及股东利益的内容为义务主体通过决议决定清算组的建立及清算组的成员时，股东为作出决议的参与者。股东相对于全体股东组建清算组并开启清算程序的义务所享有的权利应是在股东会或股东大会未及时履行上述义务时，请求股东会或股东大会履行义务，并在解散程序中行使表决权等权利，这种法律关系与一般情况下股东与全体股东之间针对决议产生与履行的法律关系并无差异。股东享有的这种请求权是股权的一部分，是股东请求履行章程或决议的权利。对于股东会或股东大会不履行义务的救济，我国现行法律未对此进行规范，可以通过两种形式规定：一为在法律中规定一般性的股东请求履行章程和决议的权利的救济方式，如向法院起诉请求强制履行；二为在解散部分单独规定股东的该项权利，这是法律不对一般权利进行规范下的无奈之举。实践中，在公司法规定了股东请求履行章程和决议的一般性权利后，为避免法律的冗杂，应认为该既有关系应适用一般性规则，无须在解散程序中额外进行规定。

第二种关系的提出多基于小股东与大股东之间基于对公司的共同出资关系。具体而言，小股东与大股东之间的关系的规制多来源于在公司运行中大股东对小股东负有的信义义务，主要原因就在于普遍认为大股东可以控制公司决议。在解散中，以上法律关系与一般程序无异：若小股东对公司作出的解散决议存有异议，应属于决议异议问题的范畴；若小股东对清算组的成员存有异议，同样应属

---

❶ 股东的股权被认为是通过出资的方式对所有权进行转换的权利。参见王文宇：《公司法论》，中国政法大学出版社 2004 年版，第 223 页。但也可以认为此时存在全体股东共同订立的默示合同，股东与股东之间基于合同产生的给付义务或基于诚实信用原则产生的其他附随义务。

于决议异议问题的范畴,应适用对公司决议异议的一般性规定,而无须将其重复规定于公司解散程序部分;❶ 若小股东主张大股东在解散程序中进行的如《公司法解释二》第 18 条类似的行为,损害了公司的利益,可依据《公司法》第 151 条进行派生诉讼,❷ 也无须在解散程序中进行单独规定;若小股东主张大股东在解散程序中进行的故意阻碍清算组成立等类似行为损害了其自身利益,如果符合侵权行为条件可依据侵权责任法维护权利。❸

### 2. 债权人

债权人与公司签订协议,从本质上也可以认为是与全体股东签订协议。❹ 债权人针对公司提出的履行或解除合同的基础是债的关系,而公司对债权人负担的义务是给付义务。具体而言,在债权人与股东会、股东大会或全体股东之间,债权人的权利是基于合同产生的债权。解散程序中公司的经营范围未受到限制,股东会或股东大会对债权人负担的义务是基于合同产生的给付义务或将来基于违约行为可能产生的损害赔偿义务。进入解散程序之前与进入到解散

---

❶ 在我国法律中,对股东针对决议内容异议的救济方式未进行规定,立法更赞同股东"用脚投票",而非赋予小股东对决议内容提出异议的诉权。本文认为,小股东不宜进行过度保护,故而不加以规定更符合公司利益最大化的目标。

❷ 《中华人民共和国公司法》第 151 条规定:"董事、高级管理人员有本法第一百四十九条规定的情形的,有限责任公司的股东、股份有限公司连续一百八十日以上单独或者合计持有公司百分之一以上股份的股东,可以书面请求监事会或者不设监事会的有限责任公司的监事向人民法院提起诉讼;监事有本法第一百四十九条规定的情形的,前述股东可以书面请求董事会或者不设董事会的有限责任公司的执行董事向人民法院提起诉讼。监事会、不设监事会的有限责任公司的监事,或者董事会、执行董事收到前款规定的股东书面请求后拒绝提起诉讼,或者自收到请求之日起三十日内未提起诉讼,或者情况紧急、不立即提起诉讼将会使公司利益受到难以弥补的损害的,前款规定的股东有权为了公司的利益以自己的名义直接向人民法院提起诉讼。他人侵犯公司合法权益,给公司造成损失的,本条第一款规定的股东可以依照前两款的规定向人民法院提起诉讼。"

❸ 与前文类似,不宜过度保护小股东的利益,小股东可"用脚投票"以维护自身利益。参见陈明添、张学文:《股东投票代理权征集制度的效用——法经济学分析》,载《东南学术》2005 年第 2 期,第 176 页。

❹ See Frank H. Easterbrook and Daniel R. Fischel, *The Corporate Contract*, 89 Colum. L. Rev. (1989).

程序中，债权人与全体股东之间的法律关系未发生改变，仍以围绕给付而产生的权利义务为主要内容，甚至与解散中全体股东的成立清算组的义务无关。《公司法解释二》中，可以被认为是用来规制解散中义务主体相对于债权人的法律关系的法条有第18条、第19条、第20条，这三条的主要内容为义务主体在解散后的不当行为对债权造成损害的救济方式。然而，第18条给予债权人以过度优待（具体分析见下节），第19条、第20条实际上是对义务主体损害债权的行为规定了赔偿责任，仅为宣示性规定，具体规则仍适用债法的相关规范。因此，债权人与全体股东之间的法律关系在解散程序未发生变化，这些具体规则并非是对于一般规则进行变通的特别规则。

总之，在一般规则之外制定特殊规则，须以法律关系在特殊阶段具有新的主体、内容或新的特点为前提。在解散程序中，全体股东负有成立清算组从而开启清算程序的义务。股东、债权人作为股东会或股东大会是否履行成立清算组义务的利害相关人，其与全体股东之间的法律关系存在两种类型：基于出资产生的权利义务与基于解散中决议形成与履行产生的权利义务。前者与一般规则中的规定内容无差异，后者则与一般情况下决议形成与履行的内容无差异，故而股东与全体股东之间的关系不需要特殊规定。同时，债权人与全体股东之间的法律关系与一般情况下的债的关系无差异，故也不需要进行特殊规定。

## 四、公司清算中的义务确认

公司进入清算程序后，义务主体简化为清算组，但是清算组与利害关系人的关系尚待明确。根据《公司法解释二》的规定，利害关系人包括公司、股东与债权人。根据前文的分析，"公司"可在公司契约论的视角下化约为"全体股东"，因此与公司清算有关的利害关系人也就只包括股东与债权人。下文将分别分析这两种情况中的法律关系与义务基础。

## （一）清算组对股东负信义义务

在解散且成立清算组之后，公司进入清算程序，清算组替代公司组织机构成为主持清算事务的主体。清算程序的目的在于妥善地终结公司的法律关系。❶ 清算程序中清算组作为清算事务的承担者，是清算程序中的义务主体。在清算程序中，股东作为剩余利益所有人与清算结果利益相关，债权人作为清算程序中获得清偿一方与清算组的行为密切相关，故而在清算程序中相关的权利主体应该是股东与债权人。

具体而言，在正常经营中，股东是剩余利益所有人，承担最终的经营风险。而在清算程序中，公司主体资格主动走向终结，行为能力受到限制，局限于清算事项，但公司并非处于"资不抵债"的状况，股东仍为公司的剩余利益所有人。在清算组与股东之间，二者存在着信息不对称的现象，同时，股东需要承担清算组清算不力造成的财产损失，故股东与清算组之间存在代理成本，清算组应对股东负有信义义务。对比清算程序与正常经营活动，清算组与股东之间围绕信义义务产生的法律关系，与管理人与股东之间的法律关系是不同阶段的同一法律关系。❷ 换言之，清算组其实就是清算程序中的公司的"管理人"。另一方面，由于清算组与股东之间的法律关系未发生新的变化，也不具有新的特点，故而法律仅需作准用性规定，即清算组与股东之间法律关系的调整规则准用管理人与股东之间法律关系的调整规则。

在清算开始后，义务主体是清算组，其对股东的义务是信义义务，对债权人的义务则基于合同产生。在公司法中，对信义义务的具体规定尚且付之阙如。司法实践中，有关信义义务的具体判断大

---

❶ 施天涛：《商法学》，法律出版社 2020 版，第 354 页。
❷ 李建伟：《公司清算义务人基本问题研究》，载《北方法学》2010 年第 2 期，第 69 页。

多被交由法官自由裁量，由其依据《公司法》第148条进行解释和适用。❶ 同样，在清算程序部分，我国公司法未对清算组对于股东的信义义务的具体内容进行规定。当清算组行为悖于股东利益时，股东可概括地以违反信义义务为基础向法院起诉，由法院裁量清算组的行为是否违反信义义务，以及应课加何种后果。清算程序中关于清算组不履行信义义务的救济可以借鉴公司法中对管理人不履行信义义务的救济措施，并在清算程序部分概括地赋予股东对清算组不履行信义义务的请求权，此外还需要明确，此种情况下股东可通过诉讼等方式进行救济。至于是否应具体地规定信义义务的内涵，这不仅仅是清算程序中的问题，更是公司法中具有普遍性的问题，故在此不作赘述。❷

## （二）债权人与清算组之间仍是债之关系

解散清算与破产清算不同，解散清算并不以"资不抵债"为触发条件，故而公司在解散清算中仍处于资金较为充足的状态。在破产程序中，公司"资不抵债"，股东基于有限责任制度与公司资金的联系因资产不足以履行全部债务而被切断，债权人因清偿状况与公司资金密切相关，成为公司最终的风险承担者，并以公司剩余资产作为责任财产，也因此成为剩余利益所有人。❸ 同时，因破产清算中债权人成为剩余利益所有人，并与清算组之间存在代理等法律关系，债权人与清算组之间的关系和股东与管理人之间的法律关系的结构相同，应同样以信义义务为中心。

在解散清算中，纵然债权人的权益仍有可能受到清算组行为的

---

❶ 王军：《公司经营者忠实和勤勉义务诉讼研究——以14省、直辖市的137件判决书为样本》，载《北方法学》2011年第4期，第34页。

❷ 实践中的问题以及是否需要详细规定信义义务的判断标准，可参见王军：《公司经营者忠实和勤勉义务诉讼研究——以14省、直辖市的137件判决书为样本》，载《北方法学》2011年第4期，第36页。

❸ See Frank H. Easterbrook and Daniel R. Fischel, *The Corporate Contract*, 89 Colum. L. Rev. (1989).

影响，也存在给付不能的风险，而且清算组的行为仍应考虑债权人的利益，❶ 但是解散清算中清算组对债权人的义务与破产清算并不相同。在公司未出现经营不善的情况下进入清算程序时，债权人的债权可以得到清偿，债权人不承担公司经营不利的风险，过多给予债权人保护及增加清算组的义务似乎并不合适。如《公司法解释二》中，第11条、第15条、第18条与第23条均以保护债权人利益为目的向清算组课加了新的义务。其中，第18条较为典型，其第1款赋予债权人请求解散程序中的义务主体履行义务的权利，其第2款赋予债权人对清算程序开始后公司的文件缺失请求赔偿的权利。这种立法选择混淆了解散清算与破产清算。破产清算中，之所以允许债权人介入清算并发挥监督清算组的作用，是因为债权人的法律地位发生了转化，其由公司经营的外部人转化为剩余利益所有人。但此点在解散清算中并不有效，因为债权人仍然是外部人。如果采取这一观点，未免会产生"债权人中心化"的不当倾向，给予债权人以过度保护。

  同时，公司对债权人不仅负有基于债产生的给付义务，还负有基于委托代理关系产生的信义义务。而在解散清算中，债权人仍为公司外部人，与公司之间并未产生应受公司法调整的法律关系，二者之间仅存在以给付义务为内容的法律关系。因此，第18条赋予债权人介入清算程序的权利缺少相应的基础。第11条、第15条、第23条与第18条问题相同，法律不应赋予债权人介入解散清算的权力。允许债权人介入破产清算程序，对清算组行为继续监督与纠正的权力只能来源于剩余利益所有人的地位，而在解散清算中，股东仍为剩余利益所有人，因此只有股东享有对清算组行为进行监督与纠正的权力。因而在不具备剩余利益所有人地位时，债权人可借助债法规则介入。除债法规定的普遍适用的债的不履行的救济措施外，

---

❶ 叶林，徐佩菱：《关于我国公司清算制度的评述》，载《法律适用》2015年第1期，第53页。

债权人还可依据《公司法》第 20 条第 3 款，主张适用法人人格否认制度。❶ 如存在《公司法解释二》第 11 条、第 15 条、第 18 条中规定的行为，清算组对股东负责，其行为受股东约束。在股东有意放任清算组行为或以自己行为避免承担债务并造成债权人损失时，可以主张适用法人人格否认制度。换言之，清算组由股东会或股东大会选举产生并对其负责，在清算组的行为造成债权人债务无法实现时，应由最终责任人——股东承担责任。这是对有限责任制度的突破。但是，法律在设置规范时，应明晰责任主体，股东承担债权给付不能的最终责任，并依据其与清算组之间的关系对清算组的行为追责。

除以上救济方式之外，还应畅通解散清算与破产清算之间的转换。正如前文所述，解散清算与破产清算之间的内容差异主要来源于"资不抵债"这一条件是否具备。但是，由于解散清算的开启多基于公司的自主决定，故而可能存在隐瞒"资不抵债"的情况。由于存在公司隐瞒"资不抵债"并造成债权人利益受损的可能性，所以法律应对债权人在清算程序中申请宣告破产的权利进行宣示性规定。在我国现行法律中，法律未对破产程序开启的条件予以特殊限制，因此可以认为在任何程序中，只要符合破产程序开启的条件，债权人就可请求进入破产程序。❷ 但已有的法律的规定较为模糊，且《公司法解释二》第 17 条第 3 款规定的适用范围较窄，应对此予以修改，广泛地赋予债权人存在"资不抵债"情形时申请程序转换的权利。❸

---

❶ 《中华人民共和国公司法》第 20 条第 3 款规定："公司股东滥用公司法人独立地位和股东有限责任，逃避债务，严重损害公司债权人利益的，应当对公司债务承担连带责任。"

❷ 李永军：《破产法》，中国政法大学出版社 2017 年版，第 8—10 页。

❸ 《最高人民法院关于适用〈中华人民共和国公司法〉若干问题的规定（二）》第 17 条第 3 款规定："债权人对债务清偿方案不予确认或者人民法院不予认可的，清算组应当依法向人民法院申请宣告破产。"《中华人民共和国公司法》第 187 条第 1 款规定："清算组在清理公司财产、编制资产负债表和财产清单后，发现公司财产不足清偿债务的，应当依法向人民法院申请宣告破产。以上两个法条均体现了清算中公司转向破产的可能性。"

## 结 论

根据本文分析，公司解散后，除非在行政解散的情况下，公司能力不受任何限制，只是产生了义务主体成立清算组的义务，并触发了清算程序的开启条件。因此，在公司解散前后，与公司相关的权利主体或利害相关人的法律关系（与股东的关系以及与债权人的关系）均不发生任何改变，相关义务主体承担的义务的内容与性质也不发生任何改变。在解散后，股东享有请求股东会或股东大会履行组织清算组的义务以开启清算程序的权利，该权利以请求履行章程和决议的方式行使；债权人则依据债的不履行的救济方式维护权益。而在清算组成立后，公司能力才被限缩在清算事务之上，并且由清算组代替了公司的部分机构。但正因为此种"代替"属性的存在，清算人足以被认为是公司的管理人，因此其所承担的义务，只不过是管理人信义义务的一种具体表现。而又因为解散清算并非以"资不抵债"为前提，因此债权人不能如同破产债权人一样介入解散清算，清算组也没有负担新的义务，双方之间的法律关系仍然是此前债之关系的延伸。只不过，若债权人认为存在资不抵债的情形，可以申请破产宣告，实现程序转换。

表2 解散与清算中的法律关系

| 阶段 | 义务主体 | 时间 | 法律关系 | |
|---|---|---|---|---|
| | | | 与股东的关系 | 与债权人的关系 |
| 解散后—清算组成立前 | 股东会或股东大会/全体股东 | 解散前 | 基于出资产生的关系（包括决议履行和决议异议）；大股东与小股东之间类似信托的关系 | 债权债务关系 |
| | | 解散后 | 基于出资产生的关系（具体到解散决议的履行和异议）；小股东与大股东之间类似信托的关系 | 债权债务关系 |
| 清算组成立后 | 清算组 | 清算开启后 | 委托代理关系（信义义务） | 债权债务关系 |

通过以上结论，可以验证《公司法解释二》相关规定的合理性。《公司法解释二》第18～20条针对的是公司解散后清算程序开启前这一期间内义务人与债权人的关系。此时双方之间的关系仅为债权债务关系，因此应当适用有关债务履行以及债务不履行责任的规定。然而，第18条第1款与第19条采取了"赔偿责任"的表述，"创造"了双方之间的新的法律关系，有所不当。《公司法解释二》第11、15、23条针对的是清算程序开启后义务主体与利害关系人之间的关系，这三条所涉及的权利主体均包括债权人，但是责任形式为"赔偿责任"，显然不属于双方之间仍存在的债之关系的范畴。而在第15、23条中，还包括公司或股东为权利主体的情形，此时适用"赔偿责任"则是正确的结论，只不过法条并未明晰此种义务是一种信义义务，亦未设置具体的适用规则，有待公司法设置有关信义义务的一般规则进行补充。

总之，公司解散清算中存在"解散"与"清算"两个阶段。在这两个阶段中，义务主体虽有不同，但其与债权人之间的关系仍然是债之关系，其与股东之间的关系亦不超过原有的股权与信义义务的框架，二者均与公司正常存续情况下存在的法律关系没有实质差异。因此，并无必要为解散清算设置特别规则，而是可以直接适用公司法一般规则乃至民法一般规则。而且，《公司法解释二》中既有的特别规则存在诸多与一般理论不合之处，需要在法律适用中予以澄清。

## Restructuring of Obligations in the Dissolution and Liquidation of Companies: From the Perspective of Decentralization of Creditors

Zhu Xiaojuan   An Chenxi

**Abstract**: There are two phases of company dissolution and liquidation: "dissolution" and "liquidation". After the company is dissolved, unless it is an administrative dissolution, the company's capabilities are not subject to any restrictions. Only after the establishment of the liquidation team, will the liquidation phase be entered, and the company's capabilities will be restricted to the liquidation matters after the liquidation phase. The effect of the company's dissolution is only to create the obligation to establish a liquidation group, and the legal relationship between the company and its shareholders and creditors has not changed. Therefore, the corresponding rights also come from the original legal relationship, not from the new legal relationship. In the company's liquidation process, the liquidation group has a similar status as a manager and assumes fiduciary duties to shareholders, while the relevant rules of the debt relationship still apply between the liquidation group and creditors. In short, the obligations of the liquidation team do not come from a new legal relationship, and no special regulations are required; in the dissolution and liquidation, the creditor is always an external person connected with the company through the debt relationship, so it should not be given the same legal status as the bankruptcy liquidation. Otherwise, there will be an improper tendency to centralize creditors.

**Key Words**: Company Dissolution; Company Liquidation; Company Capacity; Fiduciary Duty; Creditor Protection

# 在破产案件中金融债权公平保护法律对策研究

## ——基于辽宁省金融机构破产债权保护的调研

项目调研组[*]

**内容摘要**：金融机构往往是企业破产中最大的债权人，而破产企业债务清偿率直接影响金融机构债权的实现，对金融机构债权给予公平的司法保护是破产法治化的应有之义。本文基于中国银行辽宁省分行、建设银行辽宁省分行等金融机构在企业破产程序中的调研信息，揭示金融机构债权保护中的问题，即知情权、表决权和监

---

[*] 本次调研由辽宁省银行业协会提供组织和业务支持，辽宁省高级人民法院提供业务指导，由辽宁省银行业协会法律工作委员会与辽宁大学法学院共同组成调研组开展主题调研活动。调研时间为2020年7月7日至7月14日，共历时8天。采用座谈、走访等调研方式，本次调研对象包括14家银行及非银行金融机构：国家开发银行辽宁省分行，中国银行、建设银行及交通银行辽宁省分行等国有控股大型商业银行，光大银行、兴业银行沈阳分行等全国性股份制商业银行，盛京银行、鞍山银行等城市商业银行及沈阳农商银行，中国华融及中国长城资产管理公司辽宁省分公司等非银行金融机构。本次活动得到了各金融机构的大力支持，其中资产管理公司主要由业务部门与法律合规部门负责人参与调研，银行派出资产保全、授信执行、法律事务等多部门管理人员出席座谈。

督权保护不力；银行担保债权行使受限；重整计划草案的制定及重整计划执行过程中金融机构参与度低、权利缺失；金融机构、法院、管理人、债务人工作缺少协调等问题。综合而言，针对上述问题，破产审判应从如下方面加以改建：第一，突出金融债委会的职权、继续完善破产管理人制度，有效地推进府院联动机制；第二，完善信息的披露机制，推进破产重整计划制定中金融机构的参与权及执行中的监督权，保障金融机构债权人异议权；第三，保障金融机构实质参与权，包括参与重整计划草案制定、参与预重整。

**关键词：** 破产重整　金融机构　债权公平保护　破产法

## 一、辽宁省破产案件金融机构债权及处置基本现状

自 2018 年以来，辽宁省内多家大型国有、民营企业进入司法破产程序，有大连 STX 集团、东北特钢、抚顺特钢、丹东港、辉山乳业等。这些企业在破产中，均经历了与金融机构、政府及其他债权人之间较为复杂的债权处置过程，对地方经济发展以及营商环境均有较大影响。

辽宁省内大量破产案件（见图 1）对金融机构资产运营有较大影响，我们也看到破产案件通常周期较长，金融债权实现的时间成本较高。当前，受新冠肺炎疫情影响，经济形势更加严峻，将有更多企业通过破产重整解决危机、复工复产。辽宁省破产案件金融机构债权及处置基本特点如下。

### （一）金融机构债权金额较大

本次调研共有 5 家金融机构提供图 2 中所涉数据，5 家金融机构破产案件总数达 158 件，债权金额总计约 254 亿元。

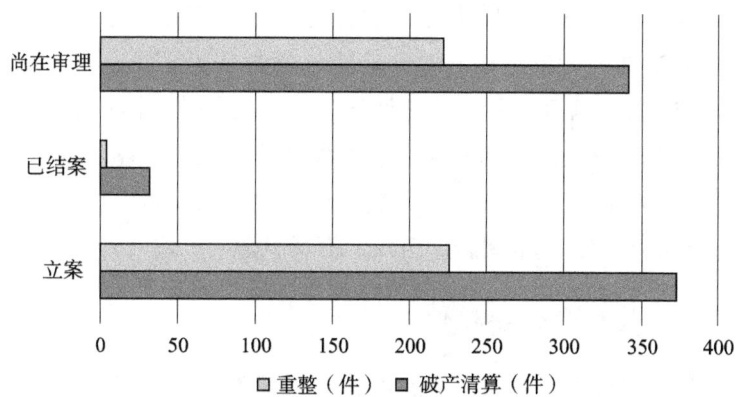

**图 1　辽宁省内破产案件数量❶**

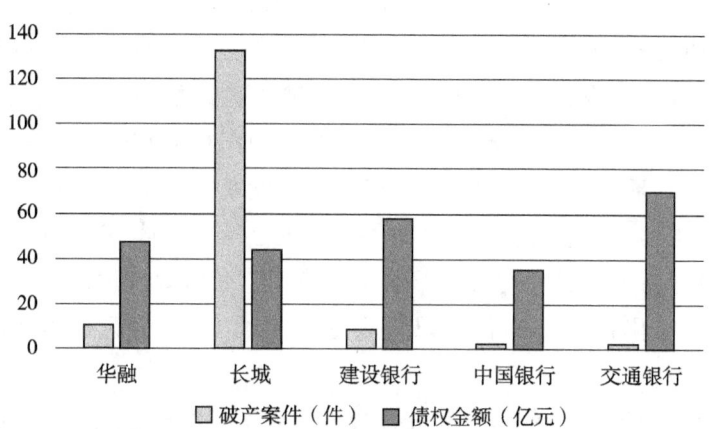

**图 2　5 家金融机构破产案件数量及债权金额❷**

❶ 数据形成时间：2018 年 1 月 1 日至 2020 年 7 月 10 日。立案数共 599 件，其中破产清算 373 件，重整 226 件；已结案 36 件，其中破产清算 32 件，重整 4 件；尚在审理中的 563 件，其中破产清算 341 件，重整 222 件。

❷ 华融资产管理公司：现有破产案件 10 件，债权金额总计约 47 亿元。

长城资产管理公司：破产终结项目合计 133 户，涉及债权金额约为 44 亿元。

建设银行：累计发生债务人破产案件 9 起，已完成破产重整案件 4 起，债权金额约 58 亿元。

中国银行：已完成抚顺特钢、北方重工、黎明锦化机等重点项目，合计债权金额约为 35 亿元。

交通银行：北方重工、沈阳机床、丹东港等重点项目，合计债权金额约为 70 亿元。

进入破产重整流程的大型企业，通常涉及多家金融机构债权，且单个金融机构债权金额较高，这造成的影响是多方面的。首先，债务人进入破产程序后债权停止计息，考虑到金融机构本金数额大，利息数额也相应很高，同时大型企业破产程序往往久拖不决，进一步对金融机构债权造成损害。其次，对金融机构来说，债权规模过大导致无法腾挪，无空间新进债权，不利于金融机构日常运营。

（二）债权受偿率较低

在调研过程中，多家金融机构都反映受偿率较低的问题，这也是金融机构债权在破产案件中受损的核心原因。具体而言，共有3家金融机构针对受偿率提供了较为详实的信息。其中长城资产管理公司涉及的破产案件中，1户信用贷款的受偿率为11.69%，其余受偿率为0。建设银行在已经完成的4起破产重整案件中平均受偿率为37.53%。中国银行在抚顺特钢破产案件中债权以现金形式清偿50万元、以债转股形式清偿9.51亿元、留债8.76亿元，债权名义清偿率100%；在北方重工破产案件中以现金形式清偿30万元、以债转股形式清偿14.87亿元、留债0.84亿元，债权名义清偿率100%；在黎明锦化机破产案件中以现金形式清偿0.95亿元，实际清偿率100%。

其中需要注意的是，部分金融机构受偿率看似较高，但从受偿方式来看，受偿方式主要为转股、留债、现金，其中最有利于金融机构的方式为现金受偿，而在每一起破产重整案件中现金受偿基本不超过50万元，与金融机构动辄数十亿的债权总额相比，现金受偿的部分微乎其微，这大大加深了对金融机构的权益损失。

（三）金融机构在破产重整过程中的权利行使严重受限

在破产案件中，金融机构除申报债权和对重整方案进行表决投票外，较少实质性地参与到程序中。大部分破产案件中，金融机构作为债权人对破产进程无法充分了解，无论从管理人抑或法院方面，金融机构的知情权均没有得到良好的保障，从而导致信息不对称、直接参与机会不多、话语权偏弱等问题，只能被动接受投资人及破产重整计划。而重整计划通过后，对债务人来讲，进入重整后已无履行债务的压力，生产经营得以逐步恢复，破产企业则由投资人掌控，管理人的管理职能则减弱至最低限度，金融机构无法直接参与经营管理，影响其参与权及监督权的行使。

（四）大型企业重整受政府、政策干预严重

近年来，辽宁省内一些大型国有企业或大型民营企业破产，这些企业的业务往往关乎民生及公共事业建设，个别地方政府为了维稳因素或者其他因素考虑，在破产程序中出现立案难、执行转破产立案难等情况，或对重整方案进行政策干预，侧重于保护重整企业及单个自然人的利益，各债权银行亦无法有效参与制定重整方案的各个环节，给金融债权人处置债权带来较大难度。

## 二、破产程序中金融机构知情权、表决权、监督权保护问题及其解决对策

（一）破产程序中金融机构知情权、表决权、监督权保护存在问题

1. 金融债权人行使知情权的困境

虽然法律赋予了债权人知情权并规定了救济机制，但是在实践中金融机构债权人的知情权却面临行使难、无法救济的困境。在本次调研中我们发现如下问题：一是，金融债权人无法维护程序知情权。例如在破产案件中作为债权人常常难以了解案件审理进程，也常因联系不到相关管理人，金融债权人无法行使知情权，更无法维护知情权，进而无法对破产程序行使参与权、监督权，多数破产案

件均未支持金融债权人的表决意见,而按原定破产程序进行。二是,有破坏金融债权人的实体知情权现象。债权人很难参与破产案件对管理人的遴选、对投资人门槛的设置、对破产流程时间点的把握等,特别是进入破产后,往往债务人通过协调审核、合并重整、清算转重整等方式拖延破产时间,突破6+3个月的限制,变相造成金融债权人的利益损失,给债权处置、转让带来较大难度。

### 2. 金融债权人行使表决权面临的困境

本次调研中发现,对金融机构行使表决权的问题,集中在以下两个方面。

一是,排除金融机构债权人参加和解协议草案和财产分配方案的表决。金融机构的破产债权通常是有担保债权。根据《企业破产法》相关规定,有财产担保债权人不能参加和解协议草案和财产分配方案的表决。但金融机构实现债权清偿在实践中存在金融机构债权除一部分属于有财产担保外,其余部分甚至可能是大部分债权都没有财产担保或是虽然全部债权都有财产担保,但担保物处置后不足以清偿全部债务,尚有剩余债务需参与分配的情形。而企业破产法之所以排除有财产担保债权人对和解协议草案和财产分配方案的表决权,立法本意是认为有财产担保的债权人相对于无财产担保的债权人而言,在实现其债权方面处于较优越的地位,他们不是按其债权在全部债权中所占比例参与债务人财产的分配,和解协议和破产财产分配方案与他们没有直接利益关系。但是这一规定损害了有财产担保债权人的权益。在前述情形下,有财产担保债权人也只有通过参与和解、参与分配这两个程序得到清偿,但又缺乏相应的表决权,这对有财产担保的金融机构债权人显然是不公平的。

二是,表决权的行使受地方行政干预。近年来,一些地方大型国有企业或大型民营企业的下级公司破产案件呈增长趋势,这些企业的业务往往关乎公共民生事业建设,关乎着数百人甚至数千人的就业,个别地方政府为了维稳,往往会对重整方案进行政策干预,侧重于保护重整企业的稳定经营，而金融机构在客观上受政府政策影响较深，利益损失相对较大。

3. 金融机构监督权行使的困境

一是，破产管理人制度缺乏操作性，不利于银行债权维护。《企业破产法》对破产管理人制度的规定仅涉及八个法律条文，最高法出台的《关于审理企业破产案件指定管理人的规定》和《关于审理企业破产案件确定管理人报酬的规定》也未做详尽规范。破产管理人制度缺乏健全的统一规范，操作性不强。

破产管理人的选任标准不一。《企业破产法》规定，法院指定由有关部门、机构的人员组成的清算组或依法设立的律师事务所、会计师事务所、破产清算事务所等社会中介机构为管理人。破产管理人完全由法院成立的评审委员会选择，对中介机构的资质水平、管理能力等缺乏统一标准，较难评价。市场化的管理人模式尚处于培育阶段，不少律师和会计师事务所经验和能力相对欠缺。因破产案件耗时长，与管理人获得的薪酬不成正比，难以吸引专业水准较高的中介机构参与到破产案件中。

法律规定破产管理人受法院和债权人会议及债权人委员会的双重监督，但法院作为审判机构，诉讼案件工作量大，精力有限，无法全程监督破产管理人，只能介入一些重大或有争议的破产清算事项。而管理人在行使职权时无须向债权人汇报，债权人无法掌握管理人履行义务的每个环节，若管理人未及时制作财产状况报告，债权人甚至无法了解债务人的资产真实情况，债权人对管理人清理、估价等环节缺失监督权。同时，《企业破产法》规定了管理人违反义务须承担民事、刑事责任，但缺乏追责标准。实践中，由于管理人由法院选定，为保持管理人的中立地位和参与积极性，也极少出现向管理人追究责任的情况。

二是，金融债权委员会难以发挥作用。目前的很多破产案件设置有金融债权委员会，债委会主席行往往由债权金额最大的银行金融机构担任，实践中往往因各种原因导致主席行与其他金融债权人之间的沟通不畅、信息不对称。另外，各个金融债权人之间缺乏沟通纽带，容易出现单家金融债权人面临信息不全、直接参与机会不多、话语权偏弱等问题，只能被动选择投资人及破产重整方案。这也导致金融债权委员会委员在债权人会议表决时不能很好地平衡金融机构的利益关系。

## （二）破产程序中金融债权知情权、表决权、监督权的保障机制

破产程序中，金融机构债权人应依法主张权利，充分发挥知情权、表决权、监督权，避免权利落空。

### 1. 完善有关信息的披露机制

针对债权人的知情权，可以根据诚实信用原则，通过司法解释进一步明确：（1）扩大披露信息的范围。对债务人企业信息披露，该等信息应当足以使债权人作出有无更为合理的替代措施等有关的商业判断事项。（2）完善有关信息的披露方式。例如，应当给债权人预留足够的时间，使其足以作出同意或反对重整计划草案的决定。

### 2. 完善金融债委会的职权

对重大破产项目中金融债委会的成立，由金融监管部门推动。由金融监管机构所推动的金融债委会的优势在于：第一，金融监管机构具有宏观视野，地位相对超脱，相对金融机构能做出更为准确的局势判断。第二，金融监管机构手中拥有一定的权力、资源，只要做出的决策符合总体利益，将发挥无法替代的主导和引领作用。第三，金融债委会顺应了金融机构协商处置金融风险的潜在需求，解决了其想做不能做和想做做不了的难题。

金融债委会的有效推动力来自金融监管部门，因此，要加强同金融监管部门、金融机构的有效沟通、协作与信息共享，在宏观层面构筑个体企业风险预警系统，配套完善相关制度，强化金融债委

会决议执行的监督。

金融债委会能在日常工作中坚持核心作用，防止走过场和虎头蛇尾，由于重大破产案件通常为政府主导，对于是否可以受理破产、破产清算还是重整、在何阶段进行破产，政府影响非常大，金融机构期待金融债委会在监管部门的支持下，统一口径，与政府、法院等取得更为直接、规范的沟通、反映渠道。防止政府从维稳、保护相关利益群体等角度出发，不当造成金融机构的利益损失。

3. 法院主导下完善破产管理人制度

知情权、表决权、监督权在法律性质上可归为程序性权利，破产程序的进行是以法院为核心的法律程序。程序正义是实体正义的保证，所以，程序正义的实现依赖于法院的司法程序主导。建议通过法院审判意见指引或立法赋予债权人对管理人选任的表决权，来建立专业管理人组织，提高管理人薪酬，吸引优质机构及人员担任管理人。对管理人履职情况建立客观的评价标准和淘汰机制等，建议引入第三方独立机构参与评价和监督。对管理人违反义务需要承担民事、刑事责任的，通过司法解释进一步明确追责标准。制定更为开放透明的管理人选任规则，广泛听取包括金融债权人在内的各方推荐及建议以寻找最为合适的管理人，对管理人履职情况建立客观的评价标准与体系，以完善的考核与淘汰机制实现对管理人行为的监督。

## 三、金融机构担保债权实现的问题及其解决对策

破产重整中的担保债权是在破产申请受理之前成立的并经法定程序向法定机关申报的重整债权。担保债权是对债务人的财产行使的权利，如果债务人以自身的财产为本人的债务提供担保，在担保物变价清偿担保债权人后还有余额时，应当将变价款用于其余普通债权人的清偿；如果担保物变价的金额不足以清偿担保债权，则未

受清偿的债权转化为普通破产债权。金融机构对破产债务人的债权通常均设有物的担保,在破产重整启动前成立的有财产担保的银行债权,其可优于无担保银行债权先行受偿,但是该权利在行使时面临诸多问题。

(一) 金融机构担保债权实现问题

1. 担保物破产前后评估结果差异较大

调研中我们发现,在现行破产重整实践中,对于银行担保债权保护不力,主要表现在银行债权的担保物在破产重整过程中价值贬损严重。[1] 基于破产重整前后的资产评估结果,差距巨大。尽管银行向破产管理人提出异议,但是,管理人以评估方法的不同来解释,即评估机构采用的是重置成本法而银行贷款时委托的评估机构采用的是预期收益法,评估方法上的不同导致评估结果差异巨大。如果发生破产清算,则财产清算价值将远低于优先债权金额,有财产担保的债权中的剩余部分仅能作为普通债权按比例获得受偿。因此,严重影响优先债权人的受偿。此结果客观上造成银行债权大部分丧失优先权,贷款无法收回的局面,这也导致部分银行因此缩减对当地企业的贷款余额。

2. 担保物权受其他权利的限制

担保物权较之于其他债权具有优先性,但仍然受到来自保护弱势地位以及公共利益债权人的限制,如来自劳动债权和税收债权的挑战,对此《企业破产法》有明确的规定。但是,近年来房地产开发企业破产案件不断出现,给金融公司、购房人权益带来了很大的影响。其中,影响最大的是房企破产后,与购房人签订的未履行完

---

[1] 如在某破产重整案件中,某银行债权金额 3 亿元,破产企业以不动产作为抵押物担保该笔债权。银行在最初贷款时委托评估机构对该不动产进行评估,评估结果远高于 3 亿元。在进入破产重整程序后,破产管理人委托评估机构对该不动产进行价值评估,最终评估结果不到当初评估结果的十分之一。

毕的商品房买卖合同如何处理问题。实务中对破产程序中购房人保护较多，甚至已经突破了抵押权优先的规则。金融公司作为债权人主张工程款时发现，工程款优先权的给付方式存在争议，如基础工程、消防工程、建筑工程、电梯门窗安装工程等，在认定工程款上没有做出区分，建筑施工与门窗等材料商欠款一概视为工程款而具有同样优先权。在抵押物优先权与建筑物优先权处置上，对金融机构债权保护欠缺公平性，在实际处置中不应当简单地一概而论，在拍卖受偿过程中如果先拍卖成功部分金融机构的抵押物，回款不应当全部用来先支付工程款。

不动产抵押权与购房人权利之间，尽管《九民纪要》[《全国法院民商事审判工作会议纪要》（法〔2019〕254号）]第125~127条对此有了一系列明确的指导意见，但是并没有形成明确的法律制度，各地做法也不一致，实践中依然存在相关部门为了社会稳定倾向于保护购房人的现象，促使金融机构让渡部分权利，这对金融机构利益保护有一定的影响。

3. 金融债权停止计息、担保物无法控制

《企业破产法》第46条规定，自破产申请受理时，对附利息的债权停止计息。❶ 因破产重整期间担保物权暂停行使，金融债权停止计息，因此有些企业借此"合法"逃废债，由于重整期间历时过长，重整后的公司由原管理层实际控制，金融债权无法得到充分保护。《企业破产法》第46条并没有规定对担保债权暂停行使的范围和权益损失补偿做出规定。依照《民法典》第389条（原《物权法》第173条）的规定，担保权担保的不仅是本金，也包括利息和费用。但在实务中，对于在重整中是否停止计算担保债权的利息却并未遵照《民法典》的规定，而是依照《企业破产法》停止计息。

同时，对于法院行使强制批准重整计划草案权利时给予有担保

---

❶ 《企业破产法》第46条规定："未到期的债权，在破产申请受理时视为到期。附利息的债权自破产申请受理时起停止计息。"

的银行债权人救济的途径中,没有明确规定对于担保债权因延期清偿所受损失的补偿标准为何,也未界定实质性损害的程度,这不利于重整程序的顺利推进,也不利于银行等机构担保债权的实现。

依照《民法典》第406条的规定,抵押人转让抵押财产的,应当及时通知抵押权人。抵押权人有权获得清偿或提存。而《企业破产法》第73条和第111条赋予了债务人或管理人自行管理和出售破产财产的权限,由此,不必得到抵押权人的同意债务人即可对担保物进行处分。在企业进入破产重整程序后,其资产由管理人统一管理,在管理人管理不当的情况下,银行的抵押财产有可能损坏或灭失,这进一步影响优先债权人的受偿比例。

(二) 银行担保债权实现的私法对策

第一,建立规范的担保物评估标准。担保物的评估方法和标准表面上看是法学以外的专业处置,从资产评估的角度,可以给出相对合理的解释,但是该种解释并非意味着其具有合理性和合法性。在破产重整程序中,银行债权人与债务人、管理人之间是一种利益平衡关系,面对同一资产的评估应当具有公允性,从评估标准的角度来理解,要求其采用的评估方法应当符合财产的现状并与贷款抵押当时的评估方法基本一致。此要求虽然不能作为国家统一立法加以实现,但是在辽宁省出台破产案件审判指导意见时应给予关注并解决。

第二,根据我国的《企业破产法》及其司法解释的规定,担保债权在破产重整中受到了限制。根据《企业破产法》第75条的规定,在重整期间内,担保债权人不得行使担保权。[1]《九民纪要》中明确在暂停行使一般原则的基础上,若担保物不是重整所必需的,

---

[1] 《企业破产法》第75条规定:"在重整期间,对债务人的特定财产享有的担保权暂停行使。但是,担保物有损坏或者价值明显减少的可能,足以危害担保权人权利的,担保权人可以向人民法院请求恢复行使担保权。在重整期间,债务人或者管理人为继续营业而借款的,可以为该借款设定担保。"

应当及时对担保物进行拍卖或者变卖用于优先清偿担保债权人的债权。❶ 相较于我国《企业破产法》中规定的,有担保的债权人在担保物存在减损的可能时,有权请求恢复行使担保权的条款,《九民纪要》更进一步地保障了担保债权人的合法权益。但对于已经造成的损害如何赔偿,法律却仍无具体规定。由现行法律规定可看出,在破产重整中对担保债权的限制过于绝对化,不免对担保债权人造成损害进而侵犯《民法典》确立的担保制度的价值。❷ 对担保物权的限制是以效率为基础的,限制重整中的担保物权有助于恢复企业生产、避免企业无效率的经营,而并非为了剥夺担保债权人的权利。因此,破产重整中,应在《企业破产法》和《民法典》的基础上,对担保债权暂停行使的范围和具体权益做出规范化的具体规定。

对于担保物权与其他优先权之间的协调,在现有《企业破产法》《民法典》《消费者权益保护法》的法律框架下,省级法院可在审判指导意见中进一步规定各类优先权之间行使的相互协调,不能单纯地以牺牲银行金融机构作为代价来换取所谓的弱势群体的财产利益,实现形式上的维稳。对银行债权利益的消极保护会间接地导致本地银行贷款额度的减少,进而导致本地企业融资困难。

第三,银行机构有担保债权在进入破产重整程序时,重整计划草案若被法院强制批准通过,则在重整期间,银行的担保债权将无法通过直接变现来实现其债权,其权利实现至少要等到重整成功以后。所以,法院在行使强制批准权时应当遵循更加严格的规定,谨慎行使权力。因此应当建立在破产重整中银行担保债权的保障制度,

---

❶ 最高人民法院于2019年印发的《全国法院民商事审判工作会议纪要》(《九民纪要》)第112条规定:"重整申请受理后,管理人或者自行管理的债务人应当及时确定设定有担保物权的债务人财产是否为重整所必需。如果认为担保物不是重整所必需,管理人或者自行管理的债务人应当及时对担保物进行拍卖或者变卖,拍卖或者变卖担保物所得价款在支付拍卖、变卖费用后优先清偿担保物权人的债权。"

❷ 李忠鲜:《担保债权受破产重整限制之法理与限度》,载《法学家》2018年第4期,第135—151页。

以最大限度减少其不当损失。

银行担保债权的清偿属于个别清偿，原则上不应当受到破产重整制度的约束，但在破产重整中，由于担保物属于破产财产，其处置结果直接影响普通债权人的实质利益以及重整是否能够成功，担保债权的清偿程度不得不受到一定的限制。但这种限制应当是程序意义上的，不应当超过实质需要。破产重整中，担保物作为破产财产，其仍然能够发挥使用价值，以此推进重整。对于有担保的银行债权人而言，其重视的是担保债权最终能够实现，也就是担保物变现的能力。❶ 因此，对于有担保的银行债权人来说，保障其担保物的变现价值得以实现是必要的，对于重整企业来说，保障其在重整期间对担保物的使用也是必要的。目前，我国破产重整制度对担保债权的限制已经使得其丧失了时间价值，为此应当给予银行担保债权人相应的补偿，使得二者之间达到动态平衡。

在强制批准制度中，司法解释应当细化对担保债权保护的救济途径，建立银行担保债权的补偿机制，其内容大致可以体现为：定期向其支付在重整申请受理后银行担保债权的相应利息；明确银行债权人可恢复担保权行使的具体情形与场合；对满足实质性损害的判断标准予以具体化，使其具有可判断性及可操作性；针对当前我国的实际情况，明确规定银行担保债权人因强制批准通过重整计划草案而受到限制时，给予其必要的救济措施。❷ 最终达到保障重整计划草案的顺利通过及银行担保债权人的利益得以保护的双重目的。

---

❶ 徐阳光：《破产法视野中的担保物权问题》，载《中国人民大学学报》2017年第2期，第12—23页。

❷ 张世君：《破产重整中担保债权人的法律保护》，载《经济经纬》2009年第1期，第154—156页。

## 四、重整计划草案的制定及重整计划执行过程中的问题及其解决对策

重整计划是重整程序中重要的、不可或缺的法律文件,重整计划的科学合理和公平可操作性对重整程序的有效推进至关重要,尤其在金融抵押优先权难以得到全额保障的情况下,金融债权人无一不是期待重整的成功,而不愿意看到破产清算的结果。金融债权人在不损害其他债权人利益的基础上,也会通过参与计划草案的制定、利用自身所具有的庞大的客户资源网为债务人推荐优秀重组方、为债务人和重组方提供再融资等方式促使重整成功。但是,金融债权人参与制定重整计划的意愿不能很好实现的现实也进一步说明,我国破产重整程序公开程度低、透明度低,金融机构债权人除享有处理申报债权和对重整方案进行表决投票外,并无实质性的参与权。

### (一)重整计划草案制定中的问题

1. 金融债权人在重整计划草案制定和提交中的程序权利缺失

根据《企业破产法》的规定,重整计划草案的法定制定及提交主体为债务人或管理人,债权人无权向法院或债权人会议提交重整计划草案。对此,重整程序理应赋予债权人重整计划草案提交权,理由如下:第一,重整计划的订立是一个博弈的过程,从博弈论的角度来看,如果仅赋予某一利害关系人独占的提交权,将使其获得首先行动优势,后行动者极为被动,容易丧失竞争优势,赋予潜在债权人等利害关系人重整计划提交权,可以使博弈更为公平、公正。第二,重整计划是利益平衡的产物,公司的重整计划应是每个利害关系人充分参与、磋商和讨论的结果,债权人作为重整程序的利害

关系人和重要参与者，理应赋予其重整计划的提交权。❶ 第三，更重要的是，重整计划涉及较多的商业判断而非法律判断。例如，在判断资产估值、债务清偿率等事项是否合理时，如果交由破产管理人或债务人垄断这些商业判断，显然不合理。赋予潜在债权人重整计划草案提交权，有助于形成竞争性的重整计划草案，以市场化的方式遴选出更优的重整计划。❷

2. 金融机构在重整计划草案制定中的程序权利无法充分行使

在重整程序中，《企业破产法》本身未赋予债权人充分的程序权利，使重整计划无法满足债权人的诉求。主要体现为债权人的知情权不能充分行使的问题，至少涉及债务人企业信息披露的内容以及披露时间两方面。

就披露的内容而言，《企业破产法》并没有对信息披露规则直接作出规定，仅在关于重整计划内容的第 81 条有所涉及。根据该规定，重整计划应当包括的内容有：债务人的经营方案、债权分类、债权调整方案、债权受偿方案、重整计划的执行期限、重整计划执行监督期限、有利于债务人重整的其他方案。因此，尽管债权人在表面上也享有表决权，但其表决很难说是在对相关信息充分知悉的基础上作出的意思表示。重整计划披露的信息远远不足以使债权人有效地作出商业判断，包括判断出售理由、程序是否合理、有无更为合理的替代措施等。自债权人收到重整计划草案至重整计划草案正式表决的时间应当足以使债权人作出通过或不通过重整计划的决定。而各债权人通常只在债权人会议前几天甚至会议时方得知重整计划草案的细节，这往往不足以使其判断重整计划的可行性。

---

❶ 韩长印：《简论破产重整计划表决的信息披露机制——以美国法为借鉴》，载《人民司法》2015 年第 1 期，第 33—36 页。

❷ 丁燕：《上市公司破产重整计划法律问题研究》，法律出版社 2014 年版，第 69 页。

## （二）重整计划执行中的问题

### 1. 金融机构对重整计划执行的参与程度较低

破产重整案件，司法投入的精力主要集中于前端，即重整方案的制定和批准，而对于方案的具体执行，关注度明显不够。重整方案通过后，对债务人来讲，进入重整后已无明显的履行债务压力，生产经营得以逐步恢复，企业由投资人掌控，管理人的管理职能减弱至最低限度，因此，单个金融债权人无法直接参与经营，对后续重整方案执行情况和进度缺乏监督。而这期间金融债权是停止计息的，这可能给了有些企业"合法"逃废债的机会，其或有可能故意拉长重整期间，使金融债权遭受损失。

### 2. 重整计划执行过程中协助执行困难

在本次调研中发现，金融机构作为债权人的重整计划执行中，为盘活债务人企业，往往在重整计划中设计较长的清偿周期，且通常约定从第 N 年起开始清偿。因金融债权人资金占用成本较高，故而选择以物抵债、以股抵债手段来实现受偿的情况较多。因《企业破产法》没有规定重整计划具有强制执行效力，在涉及股权变更、工商登记变更、产权变更等事项上，相关部门需要法院出具协助执行通知书才予以办理，这样会影响重整计划的执行。不同于普通债权人，由于金融债权人具有的金融机构属性，其在重整计划执行中受诸多金融类特别法约束，也影响了重整计划的执行。例如调研中发现某资产管理公司的资产均为受让取得，原债权人、债务人、监管部门、办理登记相关部门及法院之间矛盾重重，导致在执行中变更手续难以自行实现，亦无依据向法院申请协助执行，这给资产管理公司的债权受偿增加了较大难度。

### (三) 金融机构在重整计划草案制定及重整计划执行过程中的权利保障

#### 1. 保障重整计划草案制定参与权的建议

金融机构债权人在重整程序中的参与权没有充分保障的主要原因是立法未赋予债权人足够的重整程序参与权,其中集中体现在立法未赋予债权人重整计划草案制定权。因此,建议赋予债权人可以向其他主体(如管理人)提交草案的权利,并允许多份重整计划草案同时交付债权人会议表决,理由是《企业破产法》并未限定债务人企业或管理人提交重整计划草案的份数,因此可以尝试将债权人拟定的重整计划草案亦提交至债权人会议表决。而在同时提交多份重整计划草案的情况下,草案的起草者可以就自己的草案作实际的说明,当然,需要制定更为细化的表决规则。

#### 2. 设置破产重整计划执行期限

本次调研中发现,辽宁五峰农业科技股份有限公司破产重整案,重整程序历经5年,仍在进行中。该企业自身已无力正常经营,重整草案迟迟未获通过。由于我国企业破产相关法律未对重整计划执行设置期限,导致进入重整程序后,久拖不决,金融机构债权无法得到有效保护。[1] 本次调研中,其中一家银行就其作为债权人的多个破产案件中,集中反映了该问题。此外,我国现行破产相关立法也未对重整计划执行期限延长的上限、延长事由、延长次数做出规定,在实践中这些都是由法院根据实际情况自由裁量。如果没有具体的法律规定,极有可能造成法院裁定和实践操作上缺乏制度约束。因此,建议立法设置破产重整计划执行的期限。

---

[1] 虞孔坝:《企业破产重整中银行债权保护的研究——基于温州的实践经验》,载《浙江金融》2015年第11期,第9—14页。

### 3. 完善破产重整计划执行监督机制

我国《企业破产法》对债权人，尤其是金融机构债权人未赋予重整计划执行监督的权利，所以应当建立管理人向金融机构债权人、金融债委会按照重整计划内容，在重整计划执行的重要时点的通报制度。如金融机构债权人认为债务人不能执行重整计划或者不执行重整计划，金融机构债权人有权向法院请求终止重整计划执行，人民法院应当及时裁定。

此外，《企业破产法》要解决的根本问题，是在管理人中心主义的架构下，如何协调管理人、人民法院和债权人之间的关系或者权利分配问题。

### 4. 保障债权人的异议权

法院强制批准重整计划，如果没有当事人的异议权与上级法院的监督权，会导致社会矛盾激化，也无法保证强制批准制度的正确适用。[1] 关于法院裁定批准重整计划，我国《企业破产法》未规定债权人有异议权。也就是说，债权人只能在表决时发表意见，如果债权人在表决时对重整计划草案有异议，而最终重整计划草案获得表决通过被人民法院裁定批准，或者即便未表决通过，但人民法院强制批准，即使有债权人对经批准的重整计划有异议，也缺乏异议程序的保障，无法实现权利救济。因此，如果债权人对经过法院批准（包括正常批准与强制批准）的重整计划草案提出异议，可以向上一级人民法院申请复议，复议期间原则上不停止重整计划的执行，但是对于具有不可逆性的重整计划内容，上一级法院可以决定中止执行。[2]

---

[1] 王欣新：《破产重整不是损害债权人的制度》，载《经济参考报》2016年10月18日，第8版。

[2] 王欣新、尹正友主编：《破产法论坛（第8辑）》，法律出版社2013年版，第15页。

## 五、金融机构、法院、管理人、债务人工作协调中的问题及其解决对策

### （一）金融机构、法院、管理人、债务人工作协调现状

金融机构在企业破产程序中自身管理部门职能较弱。调研中发现，国有金融机构虽然设立了资产保全部门，但存在事务多、人员少、知识结构不合理，缺乏金融债权破产业务的专业人才，在参与破产程序中处于被动应付状态。有金融机构提出建议通过金融债委员会来行使债权人权利，寻找专业化的破产法律事务队伍给金融机构提供专业帮助，以适度缓解该问题。在大中型企业破产案件审理中，金融机构债权人较多，金融债委会的工作机制可以在债务人企业的结构调整、风险处置等问题上发挥协调优势。金融债委会与法院、管理人保持良好互动的工作机制的前提是金融债委会的工作机制要有效，但在金融债委会实际运行中，因各金融机构背景不同，面对企业结构调整等问题时无法统一意见，信息不够开放，并未形成有效的债委会运作方式，金融债委会亦无法真正发挥金融机构债权人"领头羊"的作用。

在调研中发现，以破产管理人为核心的破产实务处理涉及人数较多，法律关系复杂，破产管理人受到的质疑较多，特别是破产管理人在推进重整中与金融机构缺乏沟通，金融机构对破产管理人工作不够理解。多数机构提出要加强对破产管理人的监督、惩戒，甚至提出对其发生侵犯债权人利益时依法追责的要求，其主张建立常态化的监督机制、沟通机制、信息披露机制等，以确保形成通畅的破产重整及清算程序工作流程。

有银行机构提出，民营企业与国有企业的破产条件不同，相应的破产重整程序也存在差异，对于国有企业破产，金融机构普遍提出应当由法院与政府担负起牵头和推动工作，尽量快速完成程序，减少金融机构损失。对于破产重整的国有企业，政府事前的救助可

减少破产的机会,重整方案通过后,政府则应当考虑给予信用修复支持,尽快实现造血功能,减少金融机构债权损失。

(二)完善金融机构、法院、管理人、债务人工作协调机制

1. 建议采用联合工作组模式

联合工作组为破产重整程序中的制度创新。进入重整程序后即可着手推进组建联合工作组,工作组一般由法院、管理人及债权人代表组成。一些重大问题、事件均可以通过联合工作组会议进行沟通、讨论,形成一致意见后推进。该模式有利于债权人及时掌握重整工作进展,提出诉求,争取利益最大化。以东北特钢破产重整为例,金融机构、法院、管理人、债务人等组建联合工作组,进行了大胆的尝试,取得了良好的效果。

2. 细化预重整机制,加快破产重整流程

破产重整归根结底是各方利益的平衡,法院的介入虽然为重整的顺利实施提供司法背书,但是也必然干涉了当事人的意思自治,甚至可能增加债权人实现权利的时间成本。基于这种考量,最高人民法院在《全国法院破产审判工作会议纪要》(法〔2018〕53号,以下简称《会议纪要》)第22条对预重整做出明确规定。预重整的突出特征在于将法庭外重整与法庭内重整相衔接。

我国预重整的司法实践起步较晚,实务中对庭外重组协商阶段究竟由谁主导、法院是否参与庭外协商、庭外协商的费用如何支付、庭外重组方案与庭内重整计划草案如何衔接等还存在不同认识,做法也不尽相同。《会议纪要》本着开放的态度,仅对预重整作了原则性规定,为各地法院在实践中进一步研究探索预留了必要的空间。❶

---

❶ 贺小荣、王富博、杜军:《破产管理人与重整制度的探索与完善——〈全国法院破产审判工作会议纪要〉的理解与适用(上)》,《人民司法》2018年第13期,第33页。

地方法院纷纷出台预重整工作指引。[1]

3. 继续推进辽宁省的府院联动机制

法院系统通过与政府建立府院联动工作机制，可以统筹解决破产重整中的工商、税务、金融、担保等问题，为企业经营中的信用修复提供支持。维稳是破产重整的基础，政府必须主导和介入，在找到政府、企业、债权人及其他利益相关方利益平衡点基础上，继续统筹推进府院联动机制。

# On the Legal Countermeasures of Fair Protection of Financial Creditor's Rights in Bankruptcy Cases
## —Research on the Protection of Bankruptcy Claims of Financial Institutions in Liaoning Province
### Project Research Group

**Abstract**: Financial institutions are often the biggest creditors in the bankruptcy of enterprises, and the debt repayment rate of bankrupt enterprises directly affects the realization of the creditor's rights of financial institutions. It is necessary to give fair judicial protection to the creditor's rights of financial institutions. Based on the investigation information of Bank of China Liaoning Branch, China Construction Bank Liaoning branch and other financial institutions in the enterprise bankruptcy procedure, this paper reveals the problems in the protection of financial institutions' creditor's rights, that is, the weak protection of the right to know, the right to vote and the right to supervise; the limited exercise of bank guaranteed creditor's rights; the low participation and lack of rights

---

[1] 如广州市中级人民法院、成都市中级人民法院、淄博市中级人民法院、苏州市苏州工业园区人民法院等地方人民法院。如 2020 年 11 月广州市中级人民法院出台《广州市中级人民法院关于破产重整案件审理指引（试行）》。

of financial institutions in the formulation and implementation of the reorganization plan lack of coordination among financial institutions, courts, administrators and debtors. Generally speaking, in view of the above problems, the bankruptcy trial should be reconstructed from the following aspects: first, highlight the authority of the financial and debt Commission, continue to improve the bankruptcy administrator system, and effectively promote the linkage mechanism between the government and the court; second, improve the information disclosure mechanism, promote the participation right of financial institutions in the formulation of the bankruptcy reorganization plan and the supervision right in the implementation, and protect the creditors' rights of financial institutions; third, to protect the financial institutions' substantive participation rights, including participating in the formulation of the draft restructuring plan and participating in the pre restructuring.

**Key Words**: Bankruptcy Reorganization; Financial Institutions; Fair Protection of Creditor's Rights; Bankruptcy Law

# 论破产重整中裁员产生的经济补偿金性质

雷蕾* 邢通**

**内容摘要**：经济补偿金的性质问题在劳动法学界多有争议。而在破产法领域，在企业进入破产重整程序前后，因解除劳动合同而产生的经济补偿金在现行法律法规体系下被认定为职工债权，予以优先清偿。但企业进入破产重整程序后产生应支付的经济补偿金，由于其符合共益债务的时间要求，在有利于全体债权人共同利益的情形下，亦可能具有共益债务的性质。

**关键词**：经济补偿金 职工债权 共益债务

## 一、问题的缘起

在进入破产重整程序前后，由于债务人经营状况不佳，裁员往

---

\* 雷蕾，北京市康达律师事务所沈阳分所高级律师，研究方向：破产法。
\*\* 邢通，北京市康达律师事务所实习律师，研究方向：破产法。

往不可避免。根据我国现行劳动法律、法规，债务人裁员需要支付被裁员工经济补偿金。这一经济补偿金的性质似乎在《企业破产法》及地方法院文件中被明确为职工债权。在各地破产重整实践中，各地管理人也大多将因裁员产生的经济补偿金（以下简称"经济补偿金"）视为职工债权予以认定。但笔者在最近承办的兴隆集团重整案件中发现，也许经济补偿金的性质在学理上仍有讨论的空间。

兴隆集团是辽宁省知名的民营企业，其业务涉及百货、地产、餐饮、酒店、娱乐五大板块。2019年6月22日起，沈阳兴隆大家庭购物中心有限公司等兴隆集团旗下企业陆续进入重整程序，2020年10月15日沈阳市中级人民法院作出（2019）辽01破38-3号裁定书，裁定兴隆大家庭商业集团等92家企业实质合并审理。经沈阳市中级人民法院指定，笔者所在的北京市康达（沈阳）律师事务所担任了沈阳兴隆大家庭购物中心有限公司的管理人成员，并继续担任实质合并后的管理人成员。

本案中，债务人在进入重整程序后，仍能维持经营。但部分员工消极怠工，无故缺勤或长期请假，一定程度上干扰了债务人经营。债务人为整顿工作秩序，希望将该部分员工裁员，遂向管理人汇报请示。经过讨论，管理人发现债务人此次裁员行为有两个问题：一是此次裁员涉及的员工年资较高，需要支付的经济补偿金较高；二是前述经济补偿金定性为职工债权还是共益债务？如定性为职工债权，则该部分员工有可能会产生不满，进而引起维稳风险；如定性为共益债务，则债务人需要随时清偿，高额的经济补偿金无疑会给债务人乃至整个重整进程带来更大的压力。

由此引发了笔者的思考：破产重整中裁员产生的经济补偿金是属于职工债权范畴，还是存在属于共益债务的可能？从债权的发生时间上看，债务人进入破产重整程序之前未发放的经济补偿金毫无疑问属于职工债权。但债务人企业进入破产重整程序后因裁员产生的经济补偿金，一方面其发生时间符合共益债务的标准，另一方面这类经济补偿金是否属于"为债务人继续营业而应支付的劳动报酬和社会保险费用以及由此产生的其他债务",或其他符合共益债务标准的情形?为了更好地理解经济补偿金,笔者以为,可以先回到劳动法的立场对经济补偿金进行一个简单的梳理。

## 二、劳动法体系下的经济补偿金

### (一)经济补偿金制度的发展

我国现行的经济补偿金制度始于20世纪末。1994年《中华人民共和国劳动法》(以下简称《劳动法》)初次规定了经济补偿,劳动部则在1994年、1995年、1996年分别颁布了《违反和解除劳动合同的经济补偿办法》《违反〈劳动法〉有关劳动合同规定的赔偿办法》《关于实行劳动合同制度若干问题的通知》细化规定了经济补偿,初步建立了劳动补偿制度。2001年《最高人民法院关于审理劳动争议案件适用法律若干问题的解释》则从司法层面对经济补偿做出了明确规定。2007年颁布的《中华人民共和国劳动合同法》(以下简称《劳动合同法》)以及2008年国务院颁布的《中华人民共和国劳动合同法实施条例》(以下简称《实施条例》)则根据新的社会形势修改完善了经济补偿制度。而现行《劳动合同法》第46条、《劳动法》第28条赋予了用人单位在解除、终止劳动合同时给付劳动者经济补偿金的法定义务。

### (二)经济补偿金在劳动法体系中的性质

以管理人的视角看待经济补偿金,关注的是其属于职工债权还是共益债务,但劳动法学者更侧重经济补偿金的设立目的与功能,由此也产生了对劳动补偿金性质的争论。

目前,劳动法学界对劳动补偿金的性质仍无定论,但主要有三类观点:"补偿说""违约金说""保障说"。

补偿说认为,经济补偿金是对劳动者利益损失的一种补偿。对于该种补偿是针对劳动者何种利益损失,补偿说内部又有不同观点。有学者认为这是对劳动者对用人单位工作贡献的补偿❶;有意见称是对劳动者在工作中利益的补偿❷;亦有该补偿是针对劳动者在未履行完毕的合同中可获利益的补偿,❸ 该补偿属于法定损害赔偿,是对劳动者无法顺利履行合同之损失的弥补等观点❹。但不论补偿说如何变化,其根基在于用人单位依法解除合同,对劳动者造成了损失。在法定损害赔偿与可获利益的立场上,这种损失类似于违约造成的损失,但在本案中,债务人实际上并未违约,甚至消极怠工的劳动者才是违约一方,债务人的违约责任也就无从谈起。

违约金说认为,经济补偿金是用人单位不当或违法解除劳动合同时所承担的违约责任,这种违约责任是对工作财产权益的法定化,是对违法行为的法定惩戒制度。❺ 此种观点将经济补偿金的基础建立在用人单位存在违约或违法的情形上,认为经济补偿金是对用人单位不当行为的处罚和制裁的制度化表现。本案中的情形自然不符合此说前提。

保障说认为,经济补偿金实质上是对被解除劳动关系的劳动者在失业期间的一种保障。保障说又分为社会保障和企业保障两类观点。社会保障说认为,经济补偿金也不具有法律责任的性质,其目的是为了照顾劳动者离职后的生活,其作用是社会保障,其是一种具有社会保障属性的金额给付。❻ 企业保障说认为,给付经济补偿金

---

❶ 王全兴:《劳动法》,法律出版社 2004 年版,第 153—154 页。
❷ 谢增毅:《劳动法上经济补偿的适用范围及其性质》,载《中国法学》2011 年第 4 期,第 111 页。
❸ 林嘉、杨飞:《劳动合同解除中的经济补偿金、违约金和赔偿金问题研究》,载林嘉主编《社会法评论》,中国人民大学出版社 2005 年版,第 17 页。
❹ 董文军:《劳动合同经济补偿的制度嬗变与功能解析》,载《当代法学》2011 年第 6 期,第 104 页。
❺ 王显勇:《经济补偿金制度:坚持、放弃抑或改良》,载《中国劳动》2015 年 12 期,第 53—59 页。
❻ 王天玉:《经济补偿金制度的性质——兼评我国〈劳动合同法〉第 46 条》,《社会科学战线》2012 年第 3 期,第 270 页。

是企业应当承担的社会责任。❶

在破产法领域，在2002年《最高人民法院关于审理企业破产案件若干问题的规定》中，最高人民法院的思路是"经济补偿金是对劳动者未来损失的保护，补偿金请求权是基于劳动者未来的损失，而非劳动者的劳动对价。"❷ 基于此，最高人民法院将经济补偿金列入职工债权的范畴。

## 三、经济补偿金列入职工债权的考量

在了解了经济补偿金在劳动法学界的相关理论后，我们再回到破产法的语境中。《企业破产法》第113条❸规定了各类债权的清偿顺序，经济补偿金被列为职工债权的范畴在第一顺位清偿。

### （一）职工债权的特性

职工债权，又称劳动债权，是指"雇员基于劳动关系而对雇主所享有的各种请求权的总和"❹。其主要包括工资、养老、医疗保险费用、经济补偿金以及其他基于劳动关系产生的债权。职工债权不同于其他债权，原因在于劳动合同的人身性和不平等性与相关债权的法定性。这也使职工债权具有以下特性：

---

❶ 熊晖：《解雇保护制度研究》，法律出版社2012年版，第220页。

❷ 李国光主编，最高人民法院民事审判第二庭编著：《最高人民法院关于破产法司法解释的理解与适用》，人民法院出版社2002年版，第95—96页。

❸ 《中华人民共和国企业破产法》第113条规定："破产财产在优先清偿破产费用和共益债务后，依照下列顺序清偿：（一）破产人所欠职工的工资和医疗、伤残补助、抚恤费用，所欠的应当划入职工个人账户的基本养老保险、基本医疗保险费用，以及法律、行政法规规定应当支付给职工的补偿金；（二）破产人欠缴的除前项规定以外的社会保险费用和破产人所欠税款；（三）普通破产债权。破产财产不足以清偿同一顺序的清偿要求的，按照比例分配。破产企业的董事、监事和高级管理人员的工资按照该企业职工的平均工资计算。"

❹ 仇家明：《论破产程序中劳动债权的清偿顺序及范围》，载《政法学刊》2005年第5期，第59—60页。

第一，一定程度上的公法性。职工债权的调整与保护，以劳动与社会保障法体系为基石，劳动合同虽由私法主体意思自治而产生，但国家仍会介入私法性质的劳动合同关系，以体现劳动法保护弱者、维护公平的立法目的。❶ 职工债权具有社会属性。职工债权不是单纯的债权，由于劳动者对用人单位的依附性，其还兼有人身权性质。职工债权不仅是商品交换关系，它还具有社会分配和保障性质。前述特性使职工债权具有了公法属性，也就需要国家通过特殊立法予以保护。

第二，弱势性。一般而言，用人单位与劳动者的地位并不平等，二者间信息不对称，承担风险的能力也有差异，劳动者在维护合法权益时的弱势地位不言自明。基于地位的高低之别，加之职工债权的公法属性，所以在企业破产时，职工债权需要由国家公权力给予积极的保障，立法应当给予其一定的优先保护。职工债权可看作为"社会权"的一种典型形态。

第三，法定性。工资和经济补偿金债权是基于劳动法的规定而产生，社会保障法则规定了养老、医疗保险费的债权。这些债权都是基于劳动关系而产生，具有严格的法定性，不同于普通民商事合同中双方基于意思自治而产生的债。职工债权的权利客体不仅体现为劳动报酬，更多地体现为生存利益，即保障个人生存和健康、维持个人的自然和社会存在的最基本的利益。❷

经济补偿金作为职工债权的范畴之一，自然也具有前述属性。经济补偿金是由《劳动合同法》与《劳动法》等相关法律法规明文规定企业应当支付的，且不论其属于补偿抑或是保障，经济补偿金都是对于职工的权益保护。

---

❶ 王欣新、杨涛：《破产企业职工债权保障制度研究——改革社会成本的包容与分担》，《法治研究》2013 年第 1 期，第 23—29 页。

❷ 同上。

## （二）经济补偿金的职工债权属性

在破产法领域，最早将经济补偿金纳入职工债权范畴的是 2002 年最高人民法院出台的《关于审理企业破产案件若干问题的规定》："因企业破产解除劳动合同，劳动者依法或者依据劳动合同对企业享有的补偿金请求权，参照《企业破产法（试行）》第 37 条第 2 款第 1 项规定的顺序清偿。"司法解释的这一规定实则属于对《企业破产法（试行）》的扩大解释。《企业破产法（试行）》第 37 条第 2 款第 1 项只规定了工资和劳动保险费用属于职工债权范畴，未设兜底条款。对此，最高人民法院的理由是劳动者属于弱势群体地位，经济补偿金作为对劳动者未来损失的补偿，将其列入职工债权范畴也符合《企业破产法（试行）》保护劳动者权利的规定，因此规定经济补偿金参照工资的顺位清偿。❶

在 2007 年《企业破产法》中，立法者们采纳了 2002 年司法解释的观点，将经济补偿金列入第一顺位清偿。值得一提的是，在解除劳动合同产生的经济补偿金是否属于"法律、行政法规规定应当支付给职工的补偿金"的问题上，国务院法制办公室（以下简称"国务院法制办"）与全国人大常委会法制工作委员会（以下简称"全国人大法工委"）、最高人民法院的观点并不一致。在《中华人民共和国企业破产法注解与配套》一书中，国务院法制办认为，解除劳动合同的经济补偿金不属于第一顺序。而全国人大法工委主编的《〈中华人民共和国企业破产法〉释义及实用指南》则明确因解除劳动合同应支付的补偿金属于第一顺位。

在各地法院的相关文件中，经济补偿金亦被列为职工债权。如北京高院在 2013 年 7 月 22 日印发的《北京市高级人民法院企业破产案件审理规程》中规定：《企业破产法》第 113 条第 1 款第 1 项中的"法律、行政法规规定应当支付给职工的补偿金"包括企业因破

---

❶ 熊晖书：《解雇保护制度研究》，法律出版社 2012 年版，第 220 页。

产解除、终止劳动合同，依据《劳动合同法》第46条、第47条，《劳动合同法实施条例》第27条应向职工支付的解除劳动合同补偿金。

在学术界的相关讨论中，经济补偿金的职工债权属性往往被视作讨论的前提而不需过多论证。学术界更加关注职工债权的整体清偿顺序，尤其聚焦与有担保的债权的顺位优先级的问题。❶❷❸

工作实践中，各管理人也大多将经济补偿金作为职工债权予以公示，如莲花健康重整案中，北京金杜律师事务所将莲花健康进入重整程序后解除劳动合同应予支付的经济补偿金列入职工债权范畴公示并清偿。

那么，经济补偿金的职工债权属性已经在各方得到了认可。从债权本身的属性看，经济补偿金是属于一种法定的债权，是《劳动合同法》等法律法规规定的用人单位应当支付的。经济补偿金依附于用人单位与劳动者间的劳动关系而存在，是对劳动者未来损失的一种补偿和保护，出于保护弱势群体合法权益的考量，可以认定此类补偿金与工资为同一属性。而从法律规定上看，《企业破产法》即将职工债权作为一类特殊债权予以规定，司法解释与地方司法文件也认可经济补偿金属于职工债权。从破产重整实践看，各地管理人也将经济补偿金列为职工债权予以公示，且暂未检索到有劳动者对此提出异议。

但讨论的空间并未就此消失：如果用人单位解除劳动合同的行为发生在破产或者重整受理日之后，那么由此产生的经济补偿金是否会具有共益债务的属性？看上去，这一经济补偿金符合了共益债

---

❶ 彭真军、甘琪：《论企业职工劳动债权优先受偿制度的完善》，载《广东社会科学》2011年第6期。

❷ 仇家明：《论破产程序中劳动债权的清偿顺序及范围》，载《政法学刊》2005年第5期。

❸ 王欣新：《论职工债权在破产清偿中的优先顺序问题》，载《法学杂志》2005第4期。

务两个要件：一是发生在企业进入破产重整程序后，时间上符合；二是解除劳动合同的行为也是出于保障债权人利益的考量。因此，我们有必要再探讨一下经济补偿金作为共益债务的可能。

## 四、经济补偿金作为共益债务的可能

### （一）共益债务的判断标准

共益债务这一概念起源于我国 1986 年的《企业破产法（试行）》，尽管文本中并未明确规定共益债务这一法律概念，但实践中普遍认为，第 34 条第 1 款第 3 项规定的"为债权人的共同利益而在破产程序中支付的其他费用"就是对共益债务的规定❶，只是未明确将其赋予"共益债务"的法律术语。但该条并未完全区分破产费用与共益债务。2007 年新《企业破产法》第 42 条提出共益债务的概念并列举了六种类型❷，是对共益债务较为明确的规定。

在共益债务的认定标准上，我国学界目前专门的研究较少。但我们不妨从学者们对共益债务的定义着手，管中窥豹。韩长印认为共益债务是"指破产程序进行中，为了全体债权人的利益所发生的债务和因债务人财产所发生的债务的总称"❸。而全国人大法工委在《中华人民共和国企业破产法释义》中认为共益债务指是指破产程

---

❶ 陈伟：《共益债务的认定——从"绝对程序标准"到"双重标准"》，载《南京航空航天大学学报（社会科学版）》2017 年第 1 期，第 19 页。

❷ 《中华人民共和国企业破产法》第 42 条规定："人民法院受理破产申请后发生的下列债务，为共益债务：（一）因管理人或者债务人请求对方当事人履行双方均未履行完毕的合同所产生的债务；（二）债务人财产受无因管理所产生的债务；（三）因债务人不当得利所产生的债务；（四）为债务人继续营业而应支付的劳动报酬和社会保险费用以及由此产生的其他债务；（五）管理人或相关人员执行职务致人损害所产生的债务；（六）债务人财产致人损害所产生的债务。"

❸ 韩长印：《企业破产立法目标的争论及其评价》，载《中国法学》2004 年第 5 期。

序开始后为了全体债权人的共同利益而负担的非程序性债务。综合来看，各方对共益债务的定义没有本质区别，判断是否为共益债务的标准也是两个：第一，发生在破产程序中；第二，为全体债权人的共同利益而发生。其中，第一个标准的判断较为简单，即以债务人的破产重整受理日为节点，在破产重整受理日后发生的债务有可能会被纳入共益债务范畴。第二个标准就较为模糊，判断"为全体债权人的共同利益而发生"需要结合案件实际。

但在实践中，有时对共益债务的判断会忽略第二个标准，而只以时间节点判断是否为共益债务。亦有学者指出，当下理论界在分析共益债务范围时大都将"受理破产宣告后"这个时间上的共益债务标准等同于全体债权人的利益，而忽略"为全体债权人共同利益"的标准。[1] 比如有学者明确指出："破产财团形成后，也就是宣告破产后发生的债都应区别一般的破产债务优先受偿，这实属破产财团学理的'题中应有之义'，没有特别予以规定的必要……"[2]

在审视经济补偿金作为共益债务之可能性时，我们讨论的前提是债务人在进入破产重整程序后解除劳动合同，由此产生的经济补偿金已经符合了共益债务的时间标准。在第二个标准上，解除劳动合同，支付经济补偿金是否有利于全体债权人的共同利益？解除劳动合同，裁撤人员，是债务人在破产重整程序中的自救之举，以减轻过于沉重的工资负担。从这一角度看，因解除劳动合同而产生的经济补偿金是为了减轻企业现金负担，使企业能够更好恢复经营、恢复员工秩序，是有利于全体债权人的共同利益的。但具体的情形还需要我们结合法条的具体规定进一步分析。

---

[1] 陈伟：《共益债务的认定——从"绝对程序标准"到"双重标准"》，载《南京航空航天大学学报（社会科学版）》2017年第1期，第19页。

[2] 娄爱华：《〈破产法〉第42条涉不当得利条款解释论》，载《社会科学》2013年第4期。

## （二）经济补偿金属于因继续履行合同而产生的共益债务之可能

依据《企业破产法》第 42 条第 1 项规定，因管理人或者债务人请求对方当事人履行双方均未履行完毕的合同所产生的债务属于共益债务。对于将继续履行合同的债务纳入共益债务的理由，韩长印认为，将履行合同而产生债务规定为共益债务的原因有三：（1）为了全体债权人的利益；（2）减少相对人履行的风险；（3）提高交易率，降低交易成本。[1] 还有学者主张"管理人选择继续履行合同后，债务人一方未履行的义务应当一律以共益债务进行清偿"[2]。

从债权的形成上看，经济补偿金系因解除合同而形成的债权。员工和债务人间所签订的劳动合同系双务合同，员工向债务人提供劳动，债务人则有向员工发放报酬等的义务。因而，劳动合同本身属于双方均未履行完毕的合同。在继续履行劳动合同后，给付员工的工资属于债务人应当履行的义务，而因解除合同而产生的经济补偿金，能否被视为因履行合同而产生的债务还待商榷。我们可以参考法律对解除合同产生债权的其他规定，如《企业破产法》第 53 条规定，管理人或者债务人依照本法规定解除合同的，对方当事人以因合同解除所产生的损害赔偿请求权申报债权。从此条看，法律对解除合同产生的损害赔偿请求权另有规定，并未将此类债权纳入共益债务的范畴中。

从立法目的上看，将继续履行合同的债务视作共益债务并随时清偿更多地是针对债务人的交易行为而设。企业若想生存，就需要维持自己的业务运转，当一个企业进入到破产重整程序后，在该企业的交易对象看来，其可信任度以及与之交易的风险均产生了负面

---

[1] 韩长印：《企业破产立法目标的争论及其评价》，载《中国法学》2004 年第 5 期。第 9 页。

[2] 丁文联：《破产程序中的政策目标与利益平衡》，法律出版社 2008 年版，第 80 页。

变化，交易的不确定性也有所提升。因而，将履行合同产生的债务列入共益债务范畴并要求债务人随时清偿，一方面是给债务人已成立的交易方一定的法律保障，降低交易风险，另一方面则是帮助维持债务人业务与经营，争取债务人财产的增加，提升重整价值。

从前述两个方面来看，尽管员工和债务人间的劳动合同符合继续履行合同的特征，但经济补偿金却是因解除合同而发生的债权。且立法更多考量的是降低债务人的交易风险，保护债务人的正常交易。因而似乎难以论证经济补偿金为因继续履行合同而产生的共益债务。

（三）经济补偿金属于债务人为继续营业而产生的共益债务之可能

《企业破产法》第42条第4项规定，为债务人继续营业而应支付的劳动报酬和社会保险费用以及由此产生的其他债务属于共益债务。

继续营业的情况，大多发生在破产重整程序中。管理人或债务人为了维持企业继续营业，必然需要与其他主体发生经济往来，需要维持乃至聘请员工以保障企业的正常运转。而劳动报酬和社会保险费用也可以理解为因继续履行合同而发生，已签订合同的员工已经按约履行了提供劳动的义务，那么债务人也需要如约支付劳动报酬，缴纳社会保险费用。而支付劳动报酬和缴纳社会保险费用实质上没有其他合同履行带来的不能受益甚至利益减损的风险，破产重整后为继续经营而进行劳作的劳动者的行为是在为全部债权人增值破产财产，提升债务人重整价值。

根据全国人大法工委相关参与立法人员的解释❶，此处的劳动报酬包括工资、津贴、奖金等，并未列明经济补偿金。劳动报酬是指

---

❶ 《中华人民共和国企业破产法释义及实用指南》编写组编：《中华人民共和国企业破产法释义及实用指南》，民主法制出版社2012年版，第123—124页。

劳动者与用人单位确定劳动关系后,因提供了劳动而取得的报酬。劳动报酬是满足劳动者及其家庭成员物质文化生活需要的主要来源,也是劳动者付出劳动后应该得到的回报。劳动报酬针对的是因提供劳动而获得的回报。在劳动法语境下,经济补偿金不论是补偿、违约金或是社会保障,都不是一种针对劳动者的回报。再考虑到最高人民法院认为经济补偿金系对劳动者未来损失的弥补,经济补偿金的性质确实与劳动报酬有所不同,不能在劳动报酬的范畴内被认定为共益债务。

那么,《企业破产法》第42条第4项的兜底项"由此产生的其他债务属于共益债务"似乎能为经济补偿金列入共益债务提供一定的解释空间。首先,立法者认为,"由此产生的其他债务"包含的范围非常广泛,并将债务人的继续营业而支付的水电费用及在重整程序中债务人与他人签订新的合同所产生的债务也列入了其他债务的范畴。有观点认为,对共益债务第1项与第4项的外延判断,应当回归"共益"属性,摆脱"为债务人继续营业"的限制。❶ 我们沿用此观点的逻辑,经济补偿金能否算作共益债务,重点是其"共益"性,要论证经济补偿金能否有利于全体债权人共同利益。

裁员行为本身具有必要性。重整涉及债务人的继续营业问题,继续营业必然发生运营成本和费用。在债务人明显丧失清偿能力或存在这种可能的情况下,债务人往往没有足够的流动资金以应付营运必要开支。❷ 裁撤冗余人员,解除部分员工的劳动合同,能够有效降低人员成本,提升人员效率。在裁员行为合理的前提下,经济补偿金作为一项法定债权,其合理性也应当予以认可。而从保护劳动者弱势群体的角度看,将经济补偿金列为共益债务是对劳动者的更

---

❶ 樊星:《共益债务与破产法司法解释三的法律适用——基于北京京西峪鑫物资有限公司申请北京京西国利信机电设备有限公司破产清算案的分析》,载《法律适用》2019年第12期,第18—26页。

❷ 李震东:《重整中的新融资债务属于破产程序中的共益债务》,载《人民司法》2014年第24期,第43—45页。

好保护。当然，对高管的经济补偿金有可能额度较高，增加企业成本。

综上，在有利于全体债权人共同利益的情形下，经济补偿金有被列为共益债务的可能。

## 结　语

现有法律规定以及案例均支持经济补偿金列入职工债权的范畴予以清偿，这是法律法规对因劳动关系产生的债权的特殊规定。但进入重整程序后产生的经济补偿金，在有利于全体债权人共同利益的情形下，仍具备共益债务的属性。

## The Nature of Economic Compensation from Layoffs in Bankruptcy and Reorganization

Lei Lei　Xing Tong

**Abstract**: The nature of economic compensation is controversial in labor law circles. In the field of bankruptcy law, before and after the enterprise enters the bankruptcy reorganization procedure, the economic compensation arising from the termination of the labor contract is recognized as the employee's creditor's rights under the current legal and regulatory system, and is given priority for repayment. However, the economic compensation payable after the enterprise enters the bankruptcy reorganization process, because it meets the time requirements of the common benefit debt, may also have the nature of the common benefit debt if it is beneficial to the common interests of all creditors.

**Key Words**: Economic Compensation; Creditor's Rights of Labors; Common Benefit Debts

# 预重整的司法实践及制度构建

张婷[*]

**内容摘要**：预重整制度在我国现行法律中并无涉及，理论研究也尚处于探索阶段，但近年来在司法实践中却得到大量运用，形成了政府主导型、法院主导型、当事人主导型三种预重整模式。各地政府、人民法院也纷纷出台工作指引、审判指引等规范性文件，指导本地区的预重整实践。受提升营商环境指标的政策驱动及对预重整本质属性及其局限性认识不足，实践中预重整逐渐显现出被滥用的趋势。在企业破产法的修改已经明确被列入人大立法规划的背景下，在破产法的修法过程中应积极借鉴国外预重整制度的原则，并结合我国的国情及司法实践经验，在修订后的破产法中明确预重整的法律地位及预重整程序的相关规则，以正确引导司法实践，确保预重整与重整制度有效衔接，最大程度发挥其挽救困境企业的作用。

**关键词**：庭外重组　预重整　重整

---

[*] 张婷，大连市破产管理人协会秘书长、辽宁法大律师事务所合伙人，法学硕士。电子邮箱：cindylawyer@sina.cn。

近年来，伴随着日趋严峻复杂的内外部经济环境，我国经济发展逐渐迈入了新常态。贸易摩擦扑朔迷离，叠加供给侧结构性改革进入深水区、新冠肺炎疫情等多重因素的影响，一些国内企业面临重重压力，陷入困境者不在少数。为摆脱困境、化解危机，众多企业选择了债务重组以减轻企业包袱。随着债务重组领域的不断发展，庭外重组和庭内重整两种程序的融合及衔接问题引发了理论界和实务界的广泛关注。预重整制度是我国现行法律没有涉及但各地司法实践正在探索的企业再建程序，各地法院的司法实践模式不尽相同。本文认为，虽然相较于传统重整及庭外重组，预重整显示了一定的制度优势，但该制度本身具有局限性，我国立法应构建符合中国国情的预重整制度。

### 一、预重整制度的内涵分析

为了节省重整程序的时间和成本，债务人、债权人以及第三方（投资人、担保人）往往选择在重整程序开始前进行协商，达成企业拯救和债权让步的"一揽子"协议。这种做法通常称作"法庭外债务重组"，国际上也称为"自愿重组谈判"。这个协商过程可以发生在破产申请受理前，也可以发生在破产申请受理后与重整程序启动之前的过渡期。这个过程为后续司法重整的前期准备，也可称作"预重整"。❶ 联合国国际贸易法委员会《破产法立法指南》将预重整程序定义为："使受到影响的债权人在重整程序启动之前自愿重组谈判中商定的重组计划发生重整法律效力而启动的程序。"❷

从上述定义不难看出，预重整是庭外重组的程序，但相较于其他庭外重组，预重整的突出特征在于将法庭外重组与法庭内重整相衔接。本质上，预重整是将重整程序中的部分工作程序提前到预重

---

❶ 王卫国：《破产法精义》，法律出版社2020年4月版，第237页。
❷ 联合国国际贸易法委员会：《破产法立法指南》（2006年中文版），第212页。

整阶段完成,并将程序性成果延伸至重整程序并赋予其司法强制力,以达到提高重整案件审理效率的目的。相较于破产重整程序,预重整更强调市场行为内在逻辑,即尊重当事人的意思自治及市场的选择。但从其定义中我们也应看出,预重整虽不是司法程序,却不是没有任何规则的庭外重组,只有遵守相应规则完成的庭外重组,才可能在事后得到法院的批准,进而将其效力延伸到重整程序中。

## 二、预重整制度的优势分析

近两年来,随着最高人民法院对预重整司法操作的支持,预重整在司法实践中也倍受青睐。在适用范围上,传统中认为并不适合预重整的上市公司也越来越多地选择了预重整。2019 年 9 月以来,德奥通用航空股份有限公司(*ST 德奥)、吉林利源精制股份有限公司(*ST 利源)、江苏保千里视像科技集团股份有限公司(*ST 保千里)均实施了预重整。作为一种源于司法实践并逐渐形成成文立法的制度,预重整之所以具有如此顽强的生命力,市场的力量起到了关键作用。在传统重整、庭外重组均存在明显弊端的背景下,精明的商人及律师逐渐在实践中摸索出一种介于庭外重组与重整程序之间的机制,为企业拯救提供了全新的思路。脱胎于传统庭外重组与司法重整,预重整的制度优势十分明显。

### (一)程序上更灵活便捷、成本低

首先,相较于司法重整,预重整更注重当事人的意思自治,程序更为灵活便捷。债务人、债权人及其他利害关系人可以基于"经济人"的本性充分发挥其主观能动性,对预重整方案多方商讨、反复协调、利益衡量,最终形成各方认可的"契约"。❶ 而这种经各方

---

❶ 刘学:《预重整制度运行困境的突破——以政府与市场的关系为视角》,载《金融理论与教学》2020 年第 3 期,第 97 页。

自主谈判建立在当事人对企业情况和信息基本了解的前提下所形成的预重整方案也更加具有可行性。

其次，相较于庭内重整，预重整还具有明显的成本优势，主要体现在时间成本和整体管理成本的降低。美国学者曾对上千家公司进行预重整实证调查研究，研究表明预重整的时间平均值低于200天，司法重整时间平均值则超过450天。❶ 程序时间的缩短对应的是整体管理费用的降低，同时通过灵活便捷的谈判程序以及进入重组的预期，预重整可以合理降低庭外重组的成本。此外，预重整中可以通过推荐的方式确定临时管理人，从而降低利害关系人与管理人之间因不信任而产生的磨合成本。

## （二）运营上维持生产、保留商机

预重整期间，企业的经营不会中断，将避免给企业带来营业收入减少、利润下降的损失。同时由于预重整公开范围有限，能够最大程度地减少对债务人营业事务和商誉产生的不利影响，既可以减轻债务人的破产压力，也可以在不进入破产程序时开展企业挽救工作，提前克服影响稳定的负面因素，减轻破产程序的负面影响。而且预重整期间临时管理人、债权人、投资人等利害相关方就可以提前加强对债务人基本信息的了解，在申请重整的同时可以申请债务人自行管理或提前判断债务人企业继续营业的必要性，有利于维持生产经营的平稳，保留债务人企业的核心营运价值。

最高人民法院2019年11月8日颁布的《全国法院民商事审判工作会议纪要》（法〔2019〕254号）110条规定，债务人可以在申请重整的同时，向人民法院提出自行管理的申请。在预重整与重整可以有效衔接的情况下，债务人管理层对于企业的控制权不会因进入重整程序而发生变化，这对维持债务人运营，充分发挥债务人在

---

❶ 赵惠妙：《"预重整"的制度价值》，载《民主与法制时报》2020年7月9日，第7版。

重整中的积极性无疑会产生正面的影响。著名学者王欣新教授在《落实全国法院民商事审判工作会议精神完善重整中的债务人自行管理制度》的文章中也指出:"为使债务人自行管理能够更好地发挥其效用,我国还应建立预重整制度与之衔接。"

### (三)融资上加强激励、提高效率

债务人的积极配合、重整的预期及制度保障可以激励意向投资人,从而在预重整阶段即锁定投资人,提高转入破产重整后的重整工作效率。预重整期间债务人可以自主招募投资人,对于意向投资人来讲,预重整期间法院和政府的干涉和限制较之司法重整相对较弱,可以充分发挥市场的作用,各利益相关方可以在没有强制转入清算压力的前提下发挥能动性充分协商和谈判,寻找平衡各方利益的最佳方案。同时,由于投资人与投资利益结果相容,更能激发投资人在信息调查、企业监督方面的积极性,提高重整的效率。

### (四)结果上有强制力保障,重整成功率更高

首先,通过预重整中临时管理人对债务人企业的情况调查、资产负债的核实、企业价值的评估,以及引导债务人开展投资人招募和债务重组协商,企业的价值能够真实地呈现,债权人能够更准确、理性地识别和判断债务人重整价值和可能性。如果各债权人在此基础上彼此交流、达成共识,进入重整程序后,重整的成功率将大大提高。

其次,预重整可以有效缩短司法重整周期,保证在企业破产法规定的时间内提出重整计划草案,提高重整案件的审理效率和成功率。从预重整的定义可以看出,债权人、债务人、预重整期间的意向投资人等利害关系人在预重整期间所形成的工作成果可以延伸至重整期间,在一定条件下法院对前期形成的重组方案确认批准赋予其强制执行力,这必将大大减少重整计划草案的出台时间,使得重整周期有效缩短,从而提高破产重整的成功率。

最后，相较于庭外重组，预重整能够有效遏制"钳制"，提高谈判成功可能。所谓"钳制"作为谈判的一种策略，是指个人为获取多于集体其他成员的利益，以不合作相威胁拟采取一致行动的其他成员，而其他成员为获得一致行动不得不做出妥协让步。预重整则可以规避庭外重组谈判容易产生的"钳制"问题。❶ 不同于一般庭外重组，预重整所确立的重组方案可以有效延伸至司法重整程序，在得到法院批准确认后获得司法强制力的保障。我国企业破产法已经通过设置分组表决及比例通过的方式降低重整方案取得债权人同意的门槛，同时还规定了强制批准制度避免钳制者阻碍重整方案的通过，基本有效地解决了钳制问题。

### 三、预重整制度的局限性分析

预重整具有如此明显的优势，吸引了众多企业选择其作为解决困境的手段，但在实务中这一制度本身的局限性却往往被忽略。同时，受中国社会特殊性的影响，预重整制度优势的发挥更存在着环境上的障碍。当前，我国司法对于预重整的探索，尚处于形式价值大于实质价值的阶段。预重整模式的顺利开展不仅仅需要困境企业自身具备良好的运营价值和融资能力等条件，还需要主要债权人积极地参与协商，并能够支持预重整方案的制定和通过。❷

实践表明，债权人数量众多、涉及债权债务关系复杂、设定担保的财产范围广的债务人，选择预重整模式应当格外慎重。如债权人利益关系难于协调平衡，过多消耗时间精力在预重整，将会丧失重整的自动保护优势，并不利于债务人财产的保值增值，有可能丧失重整的最佳时机，错过挽救企业的"最后一棵稻草"。所以实践中

---

❶ 王佐发：《预重整制度的法律经济分析》，载《政法论坛》2009年第2期，第101页。

❷ 赵坤成：《企业预重整制度的实践探索及立法建议》，载《破产法评论（第1卷）》，法律出版社2018年8月版。

不考虑预重整本身局限性,一味求新的做法并不可取。

(一) 没有统一的立法规范

目前,虽然部分发达地区的省市已经进行了有意义的预重整实践并出台了相应的操作指引规范,但我国法律法规和司法解释中都未明确规定预重整制度,预重整在实践中的操作缺乏统一的规则引导。由于预重整制度本身在理论上就存在许多具有争议性的难点问题,故缺乏明确和统一的规范使得法院、政府和临时管理人的角色分工不够明晰,在法院主导的预重整模式下也会产生法院自由裁量权过大、案件的裁决因法官而异的问题。

(二) 适用范围相对狭窄

1. 财务困境初期的企业才适于预重整制度加以拯救

首先,初期陷入财务危机的企业,往往各种利益冲突更小,在预重整这一强调自主协商的程序中,协调、平衡各方利益的难度更小,因此成功率更高;其次,初期陷入财务危机后,尽早进入预重整程序,会更早地给予利害关系人相应明确的预期,对企业正常经营影响更小,给予困境企业救助更多的灵活空间;最后,预重整程序中,临时管理人多会采取措施申请政府及法院的支持,在陷入财务困境的初期就得到各方支持,会为企业带来更多的重生机会。

2. 具有重整价值和可能的企业

预重整是重整的预备程序,不符合重整条件的企业也不应该适用预重整程序,即使勉强进入,将来也面临因无法进入重整程序而失败的风险。

3. 债务人或实际控制人同意并且配合的企业

实践中,大多数法院都要求预重整程序应当有债务人的同意,原因在于没有债务人企业的配合预重整工作实际上无法开展,资产清查、债权核查、信息披露等工作,无一不需要债务人的积极配合。

《北京破产法庭破产重整案件办理规范（试行）》（京一中法发〔2019〕437号）中就明确，在债务人书面承诺配合临时管理人履行有关义务的条件下法院会决定预重整。

（三）高度依赖于政府的支持

基于我国政府管理职能、公信力、协调力以及在困境企业帮扶中所发挥的作用，在现行体制和状况下，预重整若是没有政府牵头参与很难有序进行。[1] 一方面政府对于符合破产重整案件是否进入重整程序的态度问题会影响到预重整与重整程序的后续衔接，尤其是国有企业可能会因为维稳问题受到某些地方政府的干预。另一方面预重整的推进涉及众多政府主管事务，例如税务征收、社会维稳、企业信用恢复等都需要政府的配合与扶持。尤其是预重整期间制作完成的重组方案，如果想要转化为获得法院批准通过的重整计划，更需要政府的参与支持，否则即便重整计划被裁定批准也很难执行。[2]

**四、预重整在我国的立法现状**

（一）最高人民法院及政府相关部门的规定

根据笔者的梳理，预重整在我国目前并没有法律层面的规定，但最高人民法院的司法意见及政府部门的文件中，多对此明确表示了支持的态度。

2018年3月，最高人民法院《全国法院破产审判工作会议纪要》（法〔2018〕53号）提出探索推进预重整制度，规定"探索推

---

[1] 潘光林、方飞潮、叶飞：《预重整制度的价值分析及温州实践——以温州吉尔达鞋业有限公司预重整案为视角》，载《法律适用》2019年第12期，第41页。

[2] 杜万华：《如何加快推进破产重整》，载财新网，http://finance.caixin.com/2019-01-03/101366131.html，2020年7月30日访问。

行庭外重组与庭内重整制度的衔接，可以先由债权人与债务人、出资人等利害关系人通过庭外商业谈判，拟定重组方案。重整程序启动后，可以重组方案为依据拟定重整计划草案提交人民法院依法审查批准。"2019 年 11 月公布的最高人民法院《全国法院民商事审判工作会议纪要》（法〔2019〕254 号），再次强调"庭外重组协议效力在重整程序中的延伸，继续完善庭外重组与庭内重整的衔接机制，降低制度性成本，提高破产制度效率。"最高人民法院探索和完善庭外重组与庭内重整衔接机制的司法精神也为各地法院预重整实践和探索奠定了基调。

2019 年 7 月，国家发展改革委员会、财政部、最高人民法院等十三部委联合颁布的《加快完善市场主体退出制度改革方案》（发改财金〔2019〕1104 号）关于完善破产法律制度一节，明确提出"研究建立预重整制度，实现庭外重组制度、预重整制度与破产重整制度的有效衔接，强化庭外重组的公信力和约束力，明确预重整的法律地位和制度内容"。2020 年 7 月 22 日最高人民法院联合国家发展改革委员会发布《关于为新时代加快完善社会主义市场经济体制提供司法服务和保障的意见》（法发〔2020〕25 号），再次强调按照《加快完善市场主体退出制度改革方案》的要求，"细化重整程序的实施细则，加强庭外重组、预重整制度与破产重整制度的有效衔接"。这预示着未来预重整制度将从政策导向转向规范的立法制度。

2020 年 5 月，为挽救新冠肺炎疫情下陷入困境的企业，最高人民法院发布了《关于依法妥善审理涉新冠肺炎疫情民事案件若干问题的指导意见（二）》（法发〔2020〕12 号），其中第 17 条规定，企业受疫情或者疫情防控措施影响不能清偿到期债务，债权人提出破产申请的，人民法院应当积极引导债务人与债权人进行协商，通过采取分期付款、延长债务履行期限、变更合同价款等方式消除破产申请原因，或者引导债务人通过庭外调解、庭外重组、预重整等方式化解债务危机，表明预重整制度对于促进企业脱困，重振企业活力具有重要意义。

## （二）地方政府及法院的积极探索

在我国，关于预重整的成文规则主要来源于预重整实践较为丰富的几个地区。浙江省高级人民法院于 2013 年 7 月 5 日发布《关于企业破产案件简易审若干问题的纪要》（浙高法〔2013〕153 号），首先提出"企业破产申请预登记"制度即预重整制度。深圳市中级人民法院在 2015 年审理的退市公司深金田重整案适用了预重整程序，并在该案的裁定书中加以明确的表述。2019 年 3 月，深圳市中级人民院发布了《审理企业重整案件的工作指引（试行）》（深中法发〔2019〕3 号），设置专章对预重整制度实务操作进行了较为系统的规定。除此之外，其他地区法院在预重整领域也做出了有益的探索。

2018 年 12 月，温州市人民政府办公室发布《企业金融风险处置工作府院联席会议纪要》，通过府院联动机制，由政府主导预重整程序并通过法院诉前登记的方式进行了一系列成功的预重整实践。2019 年 6 月，苏州市吴中区人民法院发布了《关于审理预重整案件的实施意见（试行）》（吴法〔2019〕43 号），通过规范预重整案件的审理，在庭外重组与庭内重整制度的衔接，发挥企业破产制度功能方面做出了积极探索。2019 年 12 月与 2020 年 1 月，北京市第一中级人民法院和南京市中级人民法院分别发布了《北京破产法庭破产重整案件办理规范（试行）》（京一中法发〔2019〕437 号）及《关于规范重整程序适用提升企业挽救效能的审判指引》（宁中法审委〔2020〕1 号），两者都以专章的形式较为详细地规定了预重整案件的审理规范。

随后，2020 年 2 月与 2020 年 4 月，苏州市吴江区人民法院和工业园区人民法院分别发布《审理预重整案件的若干规定》（吴法〔2020〕15 号）及《审理破产预重整案件的工作指引（试行）》（苏园法〔2020〕032 号），也都比较全面地规定了预重整工作流程规范，具有一定的指导意义。2020 年 5 月，厦门市中级人民法院发布

《企业破产案件预重整工作指引》(厦中法发〔2020〕28号),四川省天府新区人民法院发布《预重整案件审理指引(试行)》(天府法发〔2020〕51号)。2020年7月,江苏省宿迁市中级人民法院发布《关于审理预重整案件的规定(试行)》(宿中法电〔2020〕172号)。2020年8月24日,成都市中级人民法院印发《破产案件预重整操作指引(试行)》。

上述系列工作指引和审理规范一定程度上具有一致性,这也表明预重整制度在实践中形成了一些共识做法。各个法院预重整案件审理指引的层出不穷也侧面反映了预重整实践日益增多,我国亟待形成统一的预重整制度立法规范,降低破产制度成本,提高破产重整效率以挽救困境企业。

## 五、我国预重整的司法实践

我国预重整的司法实践起步较晚,实务中对庭外重组协商阶段究竟由谁主导、法院是否参与庭外协商、庭外协商的费用如何支付、庭外重组方案与庭内重整计划草案如何衔接等问题还存在不同认识,做法也不尽相同。目前主要有地方政府主导、人民法院主导、当事人主导三种预重整模式。

### (一)地方政府主导型

以温州市人民政府为典型代表的地方政府主导模式,典型案例为吉尔达鞋业重整案。2017年2月,温州吉尔达鞋业有限公司破产重整案,是温州市中级人民法院审理的全国范围内较为知名的民营企业重生案例。2016年底温州市鹿城区人民政府向温州市人民政府作出《关于对吉尔达鞋业实行"预重整"方案帮扶的请示》报告,2017年2月温州市人民政府下发(2017)91号抄告单,决定对其进行预重整,是典型的由政府启动并受政府指导、主导的重整案件。它以诉前登记方式支持政府主导的预重整,提升公信力和重大事项预判研究，在转入破产重整程序后，仅用了50天左右的时间即通过了重整计划，远远少于同类型的重整案件，避免了对吉尔达公司正常生产经营的干扰。

（二）人民法院主导型

以深圳市中级人民法院为典型代表的人民法院主导模式，典型案例为福昌电子重整案。2016年6月，深圳市中级人民法院审理的福昌电子重整案，是在国内法院较早试验预重整制度的一个案例。法院主动对当事人的重整申请采取了预重整的处理方案，并由法院预先指定管理人，提前进入债务企业摸查，而后通过府院联动机制，即政府法院联手协调，排除重整隐性障碍的方式由预重整进入重整程序。

（三）当事人主导型

当事人主导模式为实务中最常见的预重整类型，这符合预重整重视市场化的价值取向。从预重整制度的本源来看，债务人和债权人应该作为预重整的主导者，其意愿和选择从根本上决定预重整的启动和走向。在当事人主导的预重整模式下，法院应扮演消极角色，但同时为确保债权人预重整期间所做承诺进入重整程序后依然具有约束力以防止预重整成果流失，法院可以参照浙江省高级人民法院所确立的预登记制度或者通过重大事项司法备案的方式进行监督。❶同时，尽管预重整制度高度依赖于政府的支持，但不代表政府的权力没有界限，预重整期间所形成的重组方案的本质依然是债务人、债权人、投资人及其他利益相关人意思自治形成的"契约"。预重整程序引入意思自治，是契约自由与国家干预的有机结合。国家干预目的是为了引导当事人协商谈判，并在必要时辅之以强制力保障，

---

❶ 潘光林、方飞潮、叶飞文：《预重整制度的价值分析及温州实践——以温州吉尔达鞋业有限公司预重整案为视角》，载《法律适用》2019年第12期，第41页。

而不是过分干预和制约当事人的意思自治。

预重整期间的重组方案需要充分发挥当事人的能动性由其自身主导反复协商博弈完成。实际上法院和政府积极介入并起主导作用的预重整模式以及府院联动机制都属于中国特色的破产司法实践模式，在传统美国预重整制度中，法院和政府不是预重整程序的启动者，法院处于中立引导的地位，主要职能为审查信息披露、表决流程是否合法等程序性问题。

## 六、预重整制度构建中的立法建议

《企业破产法》的修订已被全国人大法工委列入 2021 年重点立法工作中。根据笔者了解，受全国人大委托正在分别起草破产法修改意见稿的重庆市高级人民法院、上海市高级人民法院都将预重整制度列入其意见稿中，这表明了实务界对于预重整制度正式入法的迫切态度。笔者建议，借鉴国外经验及我国司法实践中形成的经验，结合中国国情，在构建我国预重整制度过程中，需要关注以下问题。

### （一）有必要建立常态化的府院联动机制

"府院联动"是法院和政府之间的沟通协调联动机制，目前在我国沿海经济发达省份已经逐渐展开并取得了成效。实践证明，这一工作机制对提高破产审判工作的质量和效率发挥了极其重要的作用，是典型的具有中国特色的破产审判工作机制，可以毫不夸张地说，在中国离开这一工作机制，破产审判工作就会寸步难行。[1] 预重整就是要及早的对困境企业进行救助，避免债务人已经病入膏肓失去挽救价值。通过预重整期间的府院联动机制，可以发挥政府多方位的扶持作用，如职工安置与社会维稳、税收征收优惠、企业信誉维护

---

[1] 杜万华：《如何加快推进破产重整》，载财新网，http://finance.caixin.com/2019-01-03/101366131.html，2020 年 7 月 30 日访问。

等，将会给企业重整成功带来事半功倍的效果。

（二）需特别重视信息披露的标准和要求

充分的信息披露是债务人、债权人、投资人及其他利害相关人平等协商谈判的前提，因此也应当是法院审查预重整期间重组方案合法性的重要标准。信息不对称、不透明的情况下，各方意思自治所形成的重组方案可能有失公平，部分当事人的正当权益将会遭受损害，预重整制度在构建时需明确设计严谨的信息披露制度以保障各方意思自治确定的重组方案是当事人公正、透明谈判的产物。对此笔者建议，中国预重整制度的信息披露制度可以参考美国模式。

1. 信息披露的内容和充分性标准

美国破产法所规定的预重整信息披露标准包含两个方面：其一，充分的信息披露需要符合可适用的相关非破产法法律、法规或者规章中对于信息披露的要求。其二，如果没有破产法之外的类似信息披露规定，债务人的信息披露需符合《美国破产法》第1125条（a）款关于"充分信息"的规定。所谓"充分信息"是指，能够反映债务企业合理实际的自身特点和发展历史、企业现实财务状况，使得假定理性的债权人和合理的投资人对预重整计划做出合理判断的信息。[1] 虽然美国破产法对于信息披露充分性标准的规定比较笼统，对所需披露的内容也未进行详细说明，但司法实践中美国法官也通过判例对信息披露内容进行过具体的列举。[2]

笔者建议，我国预重整制度构建中的信息披露的内容或范围可以采用列举和兜底的方式进行规定。信息披露内容的设计可以包括：重整原因、财产清单、债权清单、企业经营规划及前景分析、重整

---

[1] 美国破产法典第11篇§1125（a）。
[2] 如Drake法官在Metrocraft Publishing Servs. Inc.案中，拒绝批准债务人的披露声明，并根据其他判例、法律条文以及先前处理的案例列出了19条必须包含的内容。

合理必要费用、重整过程的风险、关联企业的经营及相关信息等，但由于信息披露范围很难穷尽列举，我国也可以参照美国破产法关于预重整信息披露充分性标准的规定。一是信息披露需符合可适用的非破产法相关法律规范的要求，例如上市公司的信息披露就需要严格按照我国《上市公司信息披露管理办法》的有关规定披露相关信息；二是在没有任何明确法律规定的前提下信息披露可利用"充分信息"的标准进行兜底，法官可以发挥自由裁量权。

2. 信息披露对象

美国破产法规定债务人对同一组别的债权人或权益持有者需披露相同的信息，但对于不同的组别所披露信息可以在细节、信息种类等方面存在差别。这给我国立法的有益提示为，信息披露可以考虑债权人和权益持有者的性质做出不同的设计，在保障信息披露充分、透明的同时，又可以在不失公平的基础上留有保留的余地。但需要注意的是信息披露的差异化需把握好一定的标准和尺度，不能影响各方合理的判断。

（三）明确预重整程序启动的标准和申请主体

1. 启动标准

联合国国际贸易法委员会《破产法立法指南》中预重整的启动标准，一是债务人企业符合重整条件，二是不符合重整条件，但是对已经到期的债务无法偿还或者预期到期无法偿还的。该指南所确定的预重整启动标准低于重整制度，条件更为宽泛。但是我国企业破产法中，重整原因之一包含"有明显丧失清偿能力可能"，实质上进入重整的条件已经很宽泛了，因此笔者建议预重整的启动标准与重整的启动标准保持一致，即只要具有重整原因的，就可以进入预重整程序。

2. 申请主体

向法院提起申请启动预重整程序的主体在实践中多有争议，但是比较普遍一致的看法是由债务人企业提起。债务人企业为更了解企业的经营状况和财务情况，而且其高度配合对于预重整的效率和成功率具有关键作用，因此债务人企业是最适格的申请主体。债务企业向法院申请预重整，但尚未表决完成重组方案，法院审查符合重整标准后可以立"破预"字号案；符合重整标准并已经于庭外完成重组方案制定的，法院直接受理的同时还需要审查重组方案协商制定期间的信息披露说明及投票表决程序的正当性。

### （四）规范辅助机构的选任、工作内容及报酬

预重整虽然是一个庭外程序，但并非完全没有规范的任意程序，因此仍然需要有相应的规则对该程序进行指引，这为提供专业服务的律师事务所、会计师事务所、清算事务所等中介机构提供了广阔的工作空间。目前的司法实践中，通常将在预重整中提供专业服务的中介机构称为临时管理人以区别于重整程序中的管理人。有学者对此提出批评，认为管理人是一个被破产法赋予特定含义的称谓，在预重整中，中介机构并没有接管债务人企业，也不监督债务人企业的财产及经营，仅起到引导相关利害关系人按照相应规则推进程序的辅助作用，因此使用管理人这一概念并不妥当。笔者认为，称谓本身并不重要，重要的是这一称谓的内涵应当统一，即这些中介机构究竟应当如何产生、它们应当具有怎样的权利义务。

1. 辅助机构的选任程序

辅助机构的选任程序在我国目前各地的司法实践中做法不一。温州市政府发布的《企业金融风险处置工作府院联席会议纪要》规定，临时管理人由政府参照关于指定管理人的相关法律规定和文件指定管理人，并征求债务人和主要债权人意见。深圳市中级人民法院《审理企业重整案件的工作指引（试行）》（深中法发〔2019〕3号）规定，临时管理人可以通过摇珠方式选定，也可以在债务人及其出资人、主要债权人共同推荐或者有关监管部门、机构推荐的已

编入管理人名册的机构中指定。南京市中级人民法院《关于规范重整程序适用提升企业挽救效能的审判指引》（宁中法审委〔2020〕1号）规定，根据案件情况可以采取竞争、推荐等方式指定临时管理人。如果采取推荐方式，可以在债务人、主要债权人或者有关主管部门等推荐的中介机构中指定管理人。

笔者认为，辅助机构的选任应采取法院指定、利害相关人推荐相结合的方式，而且应当以推荐方式为主。至于最终选择何种选任方式应综合考虑案件的利益关系复杂程度、社会影响力等多方因素。但考虑到预重整程序的意思自治需要，为降低磨合成本，提高预重整效率，由债务人、债权人、意向投资人等共同推荐，是比较适合的选任辅助机构的方法，法院可以参考有关推荐指定。对于复杂的预重整案件，对于辅助机构资质要求比较高，法院可以考察推荐的中介机构是否有相应的能力及资质。但无论是采取何种方式选任辅助机构，都需要辅助机构在专业的管理人名册中，以保证预重整程序在专业中介机构的引导下进行。

2. 辅助机构的工作内容

预重整制度的优势之一是可以将重整程序中的相关工作提前到预重整阶段完成，以提高进入司法程序后的重整效率。因此，重整程序中的相关工作大部分可以在此阶段完成，包括以适当的方式展开对债务人经营状况、财产及债务的调查；分析债务人陷入困境的原因以及是否具有重整价值及重整可能；在充分信息披露基础上，组织一定范围内的债权人与债务人展开充分的协商、谈判；指导、辅助债务人以适当的方式招募重整投资人；辅助债务人起草重组方案并进行表决等，但并非所有工作都适合在预重整阶段展开。

（1）不建议进行公开债权申报工作。为保护商业机密、维护企业的信誉和形象，笔者不建议在预重整期间进行公开的债权申报公告及受理工作。辅助机构可以通过债务人披露的信息，有针对性地与权利将受到重整影响的重点债权人进行沟通、谈判。进入预重整程序后，应要求债务人配合辅助机构非公开的尽职调查，以便辅助机构掌握相对全面、准确的债务人负债情况。同时由于预重整期间需要制定重组方案，债务人企业应做到信息披露全面、准确、合法，即使辅助机构不开展债权申报的受理工作，也应当根据要求向金融委员会在内的重点债权人、意向投资人及其他利害关系人披露已知负债明细。

（2）根据债务人具体情况确定是否开展审计、评估工作。审计、评估程序均非破产法规定的破产程序中的必经程序，辅助机构同样也要根据债务人企业的具体情况对是否在预重整阶段开展审计、评估工作迅速做出判断。通常情况下，如已经出现了愿意为债务人重整进行投资的意向投资人，为了解、核实债务人的财务和资产状况，查找债务人陷入财务困境的原因，分析债务人企业的重整价值和可能性，尽快锁定意向投资人，辅助机构可以采取定向邀请的方式选聘第三方审计、评估机构，适时开展审计和评估工作，以提高整个重整程序的效率。在选定审计、评估机构时需特别关注的一点是，临时管理人应积极与主要债权人、意向投资人进行沟通，确保整个程序的公开、透明，否则可能会引发债权人对预重整期间重组方案中的变价方案或清偿方案的不满，或引起意向投资人对审计、评估结论的客观性、真实性的质疑，从而影响预重整的进程。

3. 辅助机构的工作报酬确定

因预重整程序是否顺利进入重整程序、辅助机构是否成为重整阶段管理人具有不确定性，实务中辅助机构报酬的处理方式根据不同情况也有所不同。大多数地方的做法是，临时管理人在进入重整程序后被指定为管理人的，管理人报酬按照《最高人民法院关于审理企业破产案件确定管理人报酬的规定》由法院决定，预重整期间临时管理人的履职报酬不再另行收取；法院另行指定管理人的，将履职费用定性为破产费用；预重整终止的，临时管理人报酬应由重整参与人共同承担，具体数额可以协商确定。

笔者赞同实务中的这些做法，但是法院另行指定管理人及预重整终止情况下，临时管理人的报酬数额问题也是实务中的一个难题。这实际也是考验中介结构智慧的一件事情，因为不能对预重整进程有一个准确的评估，临时管理人实际需要在开始工作时就与委托人签订服务合同。同时，服务合同中不能只考虑顺利进入重整程序且被指定为正式管理人这一种情况，也应将不能达到这个条件情况下的报酬事宜约定明确。在预重整终止的情况下，该费用由委托人进行支付，没有异议。但是在进入重整后辅助机构没有被指定为正式管理人，这笔工作费用可能被列为破产费用的，尚需债权人会议同意。

（五）预重整期限应尊重利害关系人的自由意志

目前司法实践中对于预重整期限大致有三种不同的规定。南京市中级人民法院及温州市政府发布的文件中均规定预重整期限为六个月，如果有正当理由，经临时管理人申请，最多可以延长三个月。深圳市中级人民法院的工作指引中规定预重整应在三个月内完成，如果有特殊情况或正当理由的经人民法院批准可以延长一个月。厦门市中级人民法院发布的《企业破产案件预重整工作指引》（厦中法发〔2020〕28号）中则没有规定预重整期限。

笔者认为，预重整的制度价值之一是提高效率，因此预重整的期限不宜过长，否则与提高重整效率的预重整制度价值相悖。但是预重整本质上是庭外进行的商业谈判，对于预重整期限的设置没有必要进行司法强制干预，而更应尊重利害关系人的自由选择。但为了提高效率，预重整的制度规则中可以引导相关利害关系人自行约定预重整期限。

## （六）预重整期间不应有过多的司法干预手段

深圳市中级人民法院《审理企业重整案件的工作指引（试行）》（深中法发〔2019〕3号）与北京市中级人民法院《北京破产法庭破产重整案件办理规范（试行）》（京一中法发〔2019〕437号）都在预重整制度中规定了对债务人财产的保全制度，即如果可能会因有关利害关系人的行为或者其他原因而影响破产程序依法进行，合议庭可以根据申请对债务人的全部或者部分财产采取保全措施。更进一步地，深圳市中级人民法院对于执行中止也做了相应的规定："在预重整期间，合议庭应当及时通知执行部门中止对债务人财产的执行，已经采取保全措施的执行部门应当中止对债务人财产的执行。"该规定与重整期间的执行中止制度一致。温州的规定和实践则相对温和，其以优先保障债务人重整为基本原则，由政府与法院协调以暂缓采取可能影响债务人重整的执行措施。

对于预重整中人民法院采取诸如财产保全措施、执行中止措施等司法干预手段，笔者持反对意见。预重整始终强调的是利害关系人之间的协商、谈判、沟通，体现私法自治的基本原则，司法权力的介入在这一阶段需要谨慎。有实践经验的从业人员都很清楚，一个执行案件从申请执行立案到进入财产处置阶段，通常都要经过漫长的送达、评估机构遴选、开展评估工作等程序，这期间至少需要两个月的时间。陷入困境的债务人如确有重整价值和可能，积极通过预重整而迅速进入重整程序，完全可以达到阻止个别执行的目的。如果没有财产保全或执行中止制度的特殊保护，将导致预重整无法进行，这只能说明债务人没有预重整的价值，应当尽快通过进入重整程序实现法律的保护或者直接进行破产清算。必须通过重整制度的特殊保护才能实现的预重整，有可能被异化为仅为延长重整期限而设置的重整前置程序，不仅不符合预重整庭外重组的基本属性，也无法实现其制度价值。

## Judicial Practice and Suggestions On Institution Construction of Prepackaged Reorganization

Zhang Ting

The Pre – reorganization system is not involved in the current law of our country, and the theoretical research is still in the exploration stage, but it has been widely used in judicial practice in recent years, forming three models: government – led, court – led and party – led. Local governments and courts have also issued work guidelines, trial guidelines and other normative documents to guide the region's prepackaged reorganization practice. However, driven by the policy of improving the business environment index and the lack of understanding of it's essential attributes and limitations, prepackaged reorganization system gradually shows the trend of abuse in practice. Under the background that the modification of bankruptcy law has been clearly included in the legislative plan of the National people's Congress, this paper aims to study how to actively draw lessons from the principles of foreign Pre – reorganization system in the process of bankruptcy law revision and combined with the judicial practice experience of our country to clarify the legal status andrelevant rules of Pre – reorganization system. Unified Pre – reorganization legal system will correctly guide judicial practice, ensure the effective link between Pre – reorganization and reorganization system, and maximize its role in saving troubled enterprises.

**Key Words**: Out-of-court Reorganization; Prepackaged Reorganization; Reorganization

# 【比较法视野】

# 建立澳门证券交易所的制度因应之策研究

周友苏[*]　庄斌[**]

**内容摘要**：《粤港澳大湾区发展规划纲要》明确提出"研究在澳门建立以人民币计价结算的证券市场"，为建立澳门证券交易所提供了重要契机。建立澳门证券交易所可以依托内地雄厚的上市公司后备资源和数量庞大的潜在投资者，打造新的人民币离岸中心，推动澳门经济适度多元化可持续发展。本文通过对境外相关证券交易所发展现状的考察，认为在国际化大背景下，从发挥澳门所长、服务国家所需和错位发展的视角以观，建立澳门证券交易所应通过制度创新和制度移植两个维度来考虑具体方案设计的因应之策。

**关键词**：澳门证券交易所　境外考察　错位发展　制度应对

---

[*] 周友苏，四川省社会科学院二级研究员，研究方向：公司法、证券法。
[**] 庄斌，四川省社会科学院青年研究人员，法学博士，研究方向：公司法、证券法。

## 一、建立澳门证券交易所的政策基础与实践探索

2017年12月18日由商务部发布的《〈内地与澳门关于建立更紧密经贸关系的安排〉经济技术合作协议》和2018年12月6日由国家发展和改革委员会发布的《国家发展和改革委员会与澳门特别行政区政府关于支持澳门全面参与和助力"一带一路"建设的安排》均提出要建立澳门证券市场。2019年2月18日，中共中央、国务院印发的《粤港澳大湾区发展规划纲要》中明确要求，"研究在澳门建立以人民币计价结算的证券市场"。近期，建立澳门证券交易所已经提上有关部门的议事日程。2019年10月12日，在第八届岭南论坛上，广东省地方金融监督管理局官员表示，澳门证券交易所方案已经呈报中央，希望能够将澳门证券交易所打造成人民币离岸市场的纳斯达克。❶澳门金融管理局称在澳门建立证券市场仍处于研究阶段，已委托国际顾问公司开展可行性研究，目前相关研究工作正有序进行。❷ 2019年10月17日，澳门特别行政区政府经济财政司司长梁维特进一步表示，"在可行性研究的过程中，政府会推动顾问公司在研究澳门情况的同时，亦要了解及联系澳门周边和国际不同地区的金融市场。如要建立证券市场，必须与国际接轨，还需考虑相关法律的制定、人才培训、监管系统及其他软硬件配套等"❸。目前，澳门金融管理局已成立内部跨部门工作组跟进及协调澳门设立资本

---

❶ 黄鑫宇、侯小溪、陈鹏：《澳门对建证券市场开展可行性研究》，载《新京报》2019年10月14日，第B03版。

❷ 杨理天：《金管局表示在澳建立证券市场仍处于研究阶段》，载澳门金融管理局网，https://www.amcm.gov.mo/zh/about – amcm/press – releases/gap/20191013，2020年9月20日访问。

❸ 龙土有：《梁维特：正研究建立证券市场的可行性》，载澳门新闻局网站，https://news.gov.mo/detail/zh – hant/ N19JQEPzbl？4&category =% E7% B6% 93% E6% BF%9F% E8% B2% A1% E6%94% BF，2020年9月20日访问。

市场的研究及相关工作。❶

其实,澳门并不缺少证券,反倒而言存在着较为丰富的证券品种,澳门的相关法典、法令等法例中已经作出规定。比如,1999年生效实施的《澳门商法典》中的股份有限公司股票、债券,银行保理合同,债权证券等以及根据澳门第83/99/M号法令于1999年核准生效的《规范投资基金及投资基金管理公司之设立及运作》中的封闭式基金❷等即为适例。长期以来,由于澳门证券交易所付之阙如,因此,前述证券发行、上市等往往只有寻求在澳门境外的证券交易所进行,如泛欧里斯本证券交易所、伦敦证券交易所、香港联交所、东京证券交易所等。值得关注的是,近年来澳门在发展证券市场方面有了一些新动向,2018年10月19日正式成立的中华(澳门)金融资产交易股份有限公司(以下简称"MOX"),是澳门首家提供债券发行、上市、登记、托管、交易以及结算等债券服务的金融机构,填补了澳门直接融资渠道的空白,在澳门搭建起债券公开发行及非公开发行的金融交易平台。截至2020年9月底,已有澳门国际银行股份有限公司、中国农业发展银行、中华人民共和国财政部以及珠海华发集团公司等共计20个包括国家机关、法人实体以及其他组织等在内的发行人通过MOX发行债券或(并)上市交易。❸ 为确保澳

---

❶ 澳门特别行政区政府:《澳门特别行政区政府二○一九年财政年度政府工作总结》,2019年11月12日发布。

❷ 国家经贸委投资与规划司《规范投资基金及投资基金管理公司之设立及运作》第55条规定:"封闭式基金之出资单位被广泛推销后,得在证券交易所正式挂牌。"

❸ 截至2020年9月底,20个发行人分别为中国银行澳门分行、澳门国际银行股份有限公司、绿地金融控股集团、中华人民共和国财政部、启迪科华有限公司、中国工商银行(澳门)股份有限公司、中国农业发展银行、香港国际(青岛)有限公司、Eastern Creation II Investment Holdings Ltd.、珠海大横琴投资有限公司、珠海华发集团公司、中国远华国际集团有限公司、天风证券股份有限公司、南京东南国资投资集团有限责任公司、郑州城建集团投资有限公司、长沙先导投资控股集团有限公司、北京首都创业集团有限公司、Skyland Mining(BVI)Limited、兖矿集团有限公司、万达集团海外有限公司。前述20位发行人系通过中华(澳门)金融资产交易股份有限公司网站"披露"项下的"债券公告"部分的内容整理获得,特此说明。参见中华(澳门)金融资产交易股份有限公司网站,https://www.cmox.mo/wcm/macao-chf/html/chf_pub_amzq_new/index.html,2020年10月1日访问。

门本地和境外公司在澳门的债券发行、上市交易有法可依，MOX 出台了债券发行、上市、交易等业务试行规则；澳门金融管理局于 2019 年 6 月底推出了《公司债券发行及交易转让管理指引》和《公司债券承销及托管业务指引》。尽管目前 MOX 还只是交易品种仅为债券的单一的初级证券市场，但无疑为澳门向证券交易所这一高级证券市场进化奠定了基础。有鉴于此，本文将围绕建立澳门证券交易所的现实意义，境外证券交易所发展现状及其启示，建立澳门证券交易所的具体制度应对等方面展开讨论。

## 二、建立澳门证券交易所的现实因由和制度价值

通常而言，建立证券交易所往往具有实现企业筹集资本、形成公平合理的证券交易价格、促进证券的流通性、创造投资渠道以及优化资源配置等经济功能。建立澳门证券交易所，除了发挥前述功能以外，从"发挥澳门所长、服务国家所需"原则以及"澳门达致与大湾区其他金融中心（深圳、香港）错位发展"的视角以观，具有包括但不限于如下四个方面的深层次原因和现实意义。

第一，建立澳门证券交易所可以依托内地雄厚的上市公司后备资源和数量庞大的潜在证券投资者来实现"服务国家"所需。长期以来，我国内地各类企业法人实体数量与在沪深证券交易所挂牌的上市公司总数呈"一大一小"的特点。详言之，包括股份有限公司在内的企业法人基数大而沪深证券交易所的市场容量有限。截至 2018 年 12 月份，股份有限公司法人单位数为 19.7 万个，企业法人单位数为 2178.9 万个；❶ 在沪深证券交易所挂牌的上市公司总数为

---

❶ 国家统计局、国务院第四次全国经济普查领导小组办公室 2019 年 11 月《第四次全国经济普查公报（第二号）——单位基本情况》，载国家统计局网站，http://www.stats.gov.cn/tjsj/zxfb/201911/t20191119_1710335.html，2020 年 10 月 2 日访问。

3584 家（其中，在上海证券交易所挂牌的上市公司数为 1450 家，❶ 在深圳证券交易所挂牌的上市公司数为 2134 家❷）。其中，沪深证券交易所挂牌的上市公司总数与股份有限公司法人单位数两者的比约为 1.82%。实践中，相当一部分组织机构健全、运行良好、具有持续经营能力的优质股份有限公司未能在沪深证券交易所上市。所以，建立澳门证券交易所有助于在整体上提高我国证券市场规模和容量，从而在一定程度上缓解内地公司数量多与证券市场容量有限之间的紧张关系。另外，由于拟建澳门证券交易所是"以人民币计价结算的证券市场"，因此，证券投资者的范围并不仅仅局限于澳门居民，广大的包括内地居民在内的各类证券投资者都可以参与其中。截至 2020 年 9 月，在中国证券登记结算有限责任公司登记在册的投资者（包括自然人投资者和非自然人投资者）数量为 17350.59 万个。❸ 这成为拟建澳门证券交易所潜在的数量庞大的证券投资者，解决澳门证券交易所建立初期投资者数量可能面临不足的问题。此外，在投资者结构上，我国证券市场与发达国家或地区的市场相比，机构投资者比重过低。❹ 因此，可以通过在拟建澳门证券交易所时有意引入一定数量的机构投资者并保持相应的比例，从而纠偏我国证券市场中机构投资者规模偏小、发展不平衡的问题。

第二，建立澳门证券交易所是打造新的人民币离岸中心的重要举措。我国要推进人民币国际化，提升人民币国际影响力，必须要建立若干人民币离岸中心。我国自 2009 年 7 月出台《跨境贸易人民

---

❶ 上海证券交易所：《上海证券交易所统计年鉴（2019 卷）》，载上海证券交易所网站，http://www.sse.com.cn/aboutus/publication/yearly/documents/c/tjnj_2019.pdf.pdf，2020 年 10 月 2 日访问。

❷ 深圳证券交易所：《深圳证券交易所市场统计年鉴（2018）》，载深圳证券交易所网站，http://docs.static.szse.cn/www/market/periodical/year/W02019 0725302766297492.pdf，2020 年 10 月 2 日访问。

❸ 中国证券登记结算有限责任公司：《本月投资者情况统计表（2020 年 9 月）》，载中国证券登记结算有限责任公司网站，http://www.chinaclear.cn/zdjs/tjyb2/center_tjbg.shtml，2020 年 10 月 10 日访问。

❹ 董安生主编：《证券法原理》，北京大学出版社 2018 年版，第 8 页。

币结算试点管理办法》以来，经过十多年发展，伦敦、香港、新加坡、卢森堡、法兰克福等地已相继建立起了人民币离岸中心。其中，香港长期是全球范围内最大的人民币离岸中心，但这一地位目前似乎有被伦敦取代的可能，伦敦已成为超过香港的世界第一大人民币离岸交易中心。❶ 当然，建立人民币离岸中心所带来的收益也是可观的，伦敦人民币离岸中心将可能会给英国带来数十亿英镑的税收收入。❷ 由此观之，在当前香港作为人民币离岸中心的地位日渐式微的背景下，"在澳门建立以人民币计价结算的证券市场"有助于利用"一国两制"的优势和澳门在葡语国家中的特殊地位，将澳门打造成"葡语国家人民币清算中心"，并在此基础上推动把澳门建设成又一个人民币离岸中心，从而进一步推动人民币国际化进程。无疑这也会给澳门政府带来一笔数量不可小觑的财政收入。

第三，建立澳门证券交易所有助于推进我国酝酿多年的国际板市场的落地。自 2008 年 6 月我国在第四次中美战略经济对话中提出"将按照相关审慎监管原则，允许符合条件的境外公司通过发行股票或存托凭证形式在中国证券交易所上市"后，2009 年，国际板建设就被纳入国务院的议程。根据设计方案，境外优质公司未来可以在上海证券交易所的国际板挂牌上市，发行人民币债券或者股票。启动国际板建设，可以引入全球优质公司和在华有大量客户和业务的跨国公司来我国上市，不仅能推进上海建设国际金融中心，提升我国资本市场活力和影响力，而且有助于优质红筹公司（如中国移动、百度、腾讯等）回归中国股市。❸ 然而，尽管上海证券交易所为国

---

❶ 伦敦金融城、中国人民银行欧洲代表处：《伦敦二季度人民币日均交易量创新高》，载新华网，http：//www.xinhuanet.com//2019 - 11/11/c_1125219182.htm，2020 年 10 月 10 日访问。

❷ Eva Szalay, *London races farther ahead as renminbi trading hub*, Financial Times News (Nov. 11, 2019), https：//www.ft.com/content/b228dc80 - 03ba - 11ea - 9afa - d9e2401fa7ca.

❸ 项春生：《一段关于国际板的研究探索史》，载中国证券监督管理委员会网站，http：//www.csrc.gov.cn/pub/newsite/dwxcb/dwxcbrdzt/201902/P020190215398860022603.pdf，2020 年 10 月 10 日访问。

际板建设作了不少积极准备工作，但由于各种原因，❶ 国际板至今未能如愿设立。虽然 2018 年 6 月中国证监会出台了《存托凭证发行与交易管理办法（试行）》，且 2019 年新修订的《证券法》明确将存托凭证规定为法定证券，但毕竟还不能与国际板等同。从澳门所处区位、特殊地位和错位发展来看，建立澳门证券交易所并通过法律移植和法律创新双重路径，正好可以将设计中的国际板内容纳入其中，吸收包括葡语国家在内的国外公司以及"一带一路"沿线国家和地区的公司来澳门上市，提升我国证券市场国际化的程度。

第四，建立澳门证券交易所将继续发挥澳门博彩业优势并改变博彩业"一业独大"的现状。澳门回归祖国后，澳门立法会根据《澳门特别行政区基本法》第 118 条，制定了第 16/2001 号法律《娱乐场幸运博彩经营法律制度》，奠定了博彩这一行为在澳门合法化的法律地位。博彩业在澳门的经济结构中长期占据着相当重要的分量。从生产者价格按生产法计算的增加值总额及产业结构看，博彩业在整体经济的比重明显高于其他行业，2014 年至 2018 年分别为58.5%、48.0%、46.7%、49.1% 及 50.5%。❷ 建立澳门证券交易所并不会改变澳门博彩业的法律地位，一方面，拟建的澳门证券交易所可以依托博彩业的优势，除了经营传统的股票、债券等证券品种业务外，可以开发出与博彩具有相似射幸属性的证券衍生品，如权证、股票期权等；另一方面，建立澳门证券交易所可以通过发展澳门的证券业务，开拓澳门金融发展新机遇，并利用博彩业与证券衍生品的共性来推动澳门走经济适度多元可持续发展的道路。

---

❶ 一方面，2011 年下半年沪指出现数次持续性阴跌，许多社会舆论和专家学者将其归咎于国际板的推出；另一方面，国际板推出还面临着跨境难题，如市场准入、法律冲突、市场监管和投资者保护等各种法律障碍与漏洞，参见冯果、袁康：《国际板背景下证券法制的困境与变革》，载《法学杂志》2013 年第 4 期。

❷ 澳门特别行政区政府统计暨普查局：《2018 年澳门经济适度多元发展统计指标体系分析报告》，参见澳门特别行政区政府统计暨普查局网站，https://www.dsec.gov.mo/Statistic.aspx? lang = zh - MO&NodeGUID = 993eb811 - f7bc - 49be - 8d26 - 4054ada283e1，2020 年 10 月 11 日访问。

## 三、境外证券交易所发展现状考察及其对澳门的启示

前已述及,建立澳门证券交易所具有重大现实意义,近年来已经具备一定的政策基础并开展了前期实践探索。这是值得称道之处。然而,考虑到,一方面,长期以来澳门本地几乎没有关于证券发行、上市以及交易等方面的证券业务活动,即建立澳门证券交易所在本地"无迹可寻";另一方面,在全球化资本流动扩大了对证券交易所行业的需求、证券交易方式电子化、证券交易所公司化等多重因素影响下,❶ 证券市场出现趋于全球化的发展状况。在此背景下,建立澳门证券交易所应在立足本地实际的情况下,做到与国际接轨。因此,本文通过考察市场经济发达国家及地区的证券交易所,如纽约证券交易所、伦敦证券交易所、东京证券交易所、台湾证券交易所以及香港联交所等发展现状,从而探寻出其共通性规则以及可供澳门参考借鉴之处。

### (一)境外证券交易所发展现状考察

#### 1. 纽约证券交易所

纽约证券交易所(New York Stock Exchange,以下简称"NYSE")是全球金融的代名词,也是世界范围内最值得信任的交易所。❷ NYSE 于 2005 年至 2006 年期间进行了公司化改制,并与芝加哥股票电子交易平台合并为纽约证券交易所集团股份公司(以下简称"NYSE Group")。合并后的 NYSE Group 旗下设有两家公司制证

---

❶ 皮六一、陈启欢:《全球证券交易所产业整合新趋势及思考》,载《证券市场导报》2013 年第 2 期。

❷ 纽约证券交易所网站,https://www.nyse.com/markets/nyse,2020 年 10 月 11 日访问。

券交易所，分别为 NYSE LLC❶ 和 NYSE Arca。在证券交易所"公司化"和"国际化"的双重驱动下，从 2007 年开始，美国的证券交易所，典型如 NYSE Group、NYSE LLC 等并购之势方兴未艾。❷

关于可在 NYSE LLC 交易的证券品种，美国《1933 年证券法》第 2 节（a）款和《1934 年证券交易法》第 3 节（a）款均采用列举的方式对证券种类进行了规定，两者之间几乎不存在差别。归因于广泛的证券法定概念，为了确定某一投资工具/金融工具是否为证券，美国通过一系列法院判例❸试图从司法的角度对证券概念进行概括总结。其中，具有代表性的案例即为 1946 年的 SEC. v. W. J. Howey Co. 案和 1990 年的 Reves v. Ernst&Young 案，前者确立了识别"投资合同"的豪威标准，后者建立了票据的"家庭相似"标准，从而解决票据是否构成证券的问题。❹

在发行上市审核方面，美国实行的是证券发行与上市审核分离

---

❶ 在与芝加哥股票电子交易平台合并之前的"NYSE"与合并后 NYSE Group 旗下的子公司"NYSE LLC"之间名一而实异，其中，前者为会员制证券交易所，后者为公司制证券交易所。特此说明。

❷ 2007 年 4 月 4 日，NYSE Group 与泛欧交易所（Euronext N. V.）合并为 NYSE Euronext Inc.，为全球首家横跨大西洋的交易所集团；2008 年 10 月 1 日，NYSE Euronext 完成收购历史悠久的美国证券交易所（American Stock Exchange，Amex），其后于 2017 年 7 月更名为 NYSE American；2013 年 11 月，洲际交易所集团（以下简称"ICE"）以 110 亿美元收购 NYSE Euronext，并于 2014 年 6 月将 Euronext 予以分割；2017 年 1 月，NYSE LLC 收购美国国家交易所（National Stock Exchange），并更名为纽约国家交易所（NYSE National）；2018 年 7 月，NYSE LLC 母公司 ICE 完成收购 Chicago Stock Exchange，并更名为 NYSE Chicago。参见《2020 年美国证券市场相关制度》，载台湾证券交易所网站，https://www.twse.com.tw/static Files/product/publication/0003000193.pdf，2020 年 10 月 11 日访问。

❸ 如 1920 年的 State v. Gopher Tire & Rubber Co 案、1946 年的 SEC. v. W. J. Howey Co. 案、1975 年的 United Housing Foundation Inc. v. Forman 案、1977 年的 Hirk v. Agri - Research Council，Inc. 案等。参见［美］莱瑞·D. 索德奎斯特：《美国证券法解读》，胡轩之、张云辉译，法律出版社 2004 年版，第 100—118 页。

❹ ［美］托马斯·李·哈森：《证券法》，张学安等译，中国政法大学出版社 2003 年版，第 16—25，36—38 页。

模式。在证券发行方面实行"双重注册制"(Dual Registration)。❶为避免"双重注册制"所引发的效率低下、监管权重叠等问题,根据美国国会于 1996 年通过的《全国证券市场改善法案》(National Securities Markets Improvement Act of 1996)第 18 条的规定,如果在 NYSE LLC 等全国性证券交易所❷注册发行并上市交易的证券或者是联邦专属管辖证券(Federal Governed Securities),则豁免州的注册。在上市审核方面,NYSE LLC 对于上市申请的决定是建立一种基于"商业判断原则"上的实质性审查。❸ 关于证券发行与证券上市的协调,一般而言,实践中,交易所的审核结果不会与联邦的审核结果相左。且联邦对注册文件质量基本满意之后,只有在收到交易所出具的关于同意接受该证券上市的确认函的前提下,才会宣布注册生效。❹

### 2. 伦敦证券交易所

伦敦证券交易所隶属于伦敦证券交易所集团,❺ 是欧洲最大的股

---

❶ 所谓"双重注册制"指的是:联邦层面的注册制以信息披露为主,不判断证券价值;州法层面的证券发行注册制普遍实行实质审核、质量规管、控制证券的投资风险,有通知注册(Notification)、协同注册(Coordination)与资质注册(Qualification)三种不同的注册方式。参见沈朝晖:《证券法的权力分配》,北京大学出版社 2016 年版,第 87、93—95 页。

❷ 根据美国 1934 年《证券交易法》第 6 条的规定,"全国性证券交易所"是指在美国证券交易委员会进行登记注册的证券交易所。截至当前,NYSE LLC、NYSE Arca, Inc.、NYSE National, Inc. 以及 NYSE Chicago, Inc. 等共计 31 家均为美国全国性证券交易所。参见美国证券交易委员会网站:https://www.sec.gov/fast-answers/divisionsmarketregmrex-exchangesshtml.html,2020 年 10 月 11 日访问。

❸ NYSE LLC 对拟上市公司证券的交易价值、对交易所证券流通性的提升帮助程度、对交易所带来增值效应等的价值判断进行审查。参见郑彧:《论证券发行监管的改革路径——兼论"注册制"的争论、困境及制度设计》,载张育军、徐明主编:《证券法苑》第 5 卷,法律出版社 2011 年版,第 161 页下注释。

❹ 转引自汤欣、魏俊:《股票公开发行注册审核模式:比较与借鉴》,载《证券市场导报》2016 年第 1 期。

❺ 伦敦证券交易所集团(London Stock Exchange Group)旗下拥有多家交易所,包括伦敦证券交易所、意大利证券交易所 Borsa Italiana、欧洲主要固定收益证券交易市场 MTS 以及泛欧股票交易平台 Turquoise 等,业务领域涵盖股票、债券以及衍生品市场。参见杨康军、黄祥生:《伦敦证券交易所市场及登记结算机构情况》,载中国证券登记结算有限公司网站,http://www.chinaclear.cn/zdjs/editor_file/20161108145829648.pdf,2020 年 10 月 12 日访问。

票交易市场。2000年，伦敦证券交易所正式由会员制改制为公司制，成为以商业取向为目的的一家交易所。根据英国《2012年金融服务法案》，伦敦证券交易所的上市审查权由英国金融行为监管局（Financial Conduct Authority，以下简称"FCA"）行使。具体而言，对于证券欲上市的公司，除在发行阶段需向英国贸易部公司注册管理处（Company House）进行注册登记外，还必须符合包括公司的营业性质、健全的资本结构、合理的股权结构、经营行业具有良好前景等在内的若干实质性条件，FCA才会核准证券在伦敦证券交易所上市。意即英国证券上市管理主要透过核准制来实现，这属于实质性管理。❶

为满足不同公司的上市需求并支持产业升级，伦敦证券交易所设有如下四大市场板块：主板市场（Primary Market）、另类投资市场（Alternative Investment Market）、专业证券市场（Professional Securities Market）以及国际证券市场（International Securities Market）。❷ 其中，主板市场又细分为四个子市场，分别为优质子市场（Premium segment）、标准子市场（Standard segment）、高增长子市场（High Growth Segment）和专家基金子市场（Specialist Fund Segment）。❸

关于伦敦证券交易所的交易品种范围。上世纪80年代，英国率先在全球范围内开启资本市场统合法运动，尤其是《1986年金融服务法》和《2000年金融服务与市场法》通过对金融商品、金融服务的统合立法，导入集合投资计划定义，实现对理财产品、金融商品

---

❶ 台湾证券交易所：《2020年英国证券市场相关制度》，载台湾证券交易所网站，https：//www.twse.com.tw/staticFiles/product/publication/0003000194.pdf，2020年10月12日访问。

❷ 伦敦证券交易所网站，https：//www.londonstockexchange.com/companies-and-advisors/companies/companiesandadvisors.htm，2020年10月12日访问。

❸ 伦敦证券交易所网站，https：//www.londonstockexchange.com/companies-and-advisors/main-market/main/market.htm，2020年10月12日访问。

等的横向规制。❶ 因此,金融商品横向规制下伦敦证券交易所的交易品种范围,并不仅仅局限于股票、债券等,更是覆盖了内容广泛的金融衍生商品。

### 3. 东京证券交易所

东京证券交易所成立于1949年。2013年1月1日,东京证券交易所和大阪交易所合并为日本交易所集团。截至目前,日本交易所集团旗下有东京证券交易所、大阪交易所和东京商品交易所❷共计3家交易所。其中,东京证券交易所是根据《金融商品交易法》而获得金融商品市场运营执照的金融商品交易所。❸ 目前,东京证券交易所的交易品种为股票、债券、ETF、ETN以及REIT等有价证券。❹

为满足不同投资者和企业的上市融资需求,东京证券交易所设有市场一部、市场二部、Mothers和JASDAQ四类市场板块。其中,JASDAQ又可细分为JASDAQ Standard和JASDAQ Growth两个子板块。❺

---

❶ 杨东:《市场型间接金融:集合投资计划统合规制论》,载《中国法学》2013年第2期,第59页。

❷ 2019年10月起,东京商品交易所成为日本交易所集团旗下的子公司,主营业务为贵金属、橡胶、石油、农产品的期货交易等。

❸ 东京证券交易所和大阪交易所是根据《金融商品交易法》而获得金融商品市场运营执照的金融商品交易所,东京商品交易所是根据《商品期货交易法》的规定获批成立的商品期货交易市场。经业务整合后,东京证券交易所负责经营现货市场也即有价证券市场,大阪交易所和东京商品交易所负责经营金融衍生品市场。参见日本交易所集团网站,https://www.jpx.co.jp/chinese/corporate/organization/index.html,2020年10月12日访问。

❹ 1998年修正的日本《证券交易法》对"证券"的范围界定较窄,不包括许多投资产品,2007年生效实施的《金融商品交易法》将"证券"定义扩展为"金融商品"的概念,最大幅度地横向扩大了法律适用对象的范围,以适应金融商品和投资服务不断创新发展的现实环境。根据《金融商品交易法》第2条的规定,金融商品的具体范围包括有价证券和金融衍生品。参见陈洁:《证券法的变革与走向》,法律出版社2011年版,第36—40页。

❺ 在东京证券交易所市场一部、市场二部、创业板和JASDAQ挂牌的上市公司的总市值以及股票交易的成交额均在全球交易所中排第三位,位居亚洲之首,确立了日本证券市场的中心地位。参见日本交易所集团网站,https://www.jpx.co.jp/chinese/corporate/organization/index.html,2020年10月12日访问。

关于有价证券的上市审核制度，日本采取的是有价证券上市注册制。根据日本《金融商品交易法》第121条的规定，就股票的上市审查而言，东京证券交易所根据自身业务规程和有价证券上市规则，重点对该股票上市后是否易于形成公正的股价和保持适当的流通，上市对于公益或投资者保护是否必要且恰当等进行审查。经东京证券交易所审查批准上市后，再向内阁总理大臣报告即可完成注册。❶

4. 台湾证券交易所

1960年4月14日，台湾地区"行政院"第661次会议通过决议，台湾证券交易所采公司制组织。1961年筹备中的证券交易所开始举行发起人会议，经依法呈请核准后，证券交易所成立，并于1962年2月9日正式开业。❷

关于台湾证券交易所的交易品种范围。台湾地区所谓"证券交易法"第6条❸作出了明确规定，尤其是第6条第1款展开了明文列举，有价证券是指政府债券、公司股票、公司债券及经主管机关核定的其他有价证券。关于对"其他有价证券"的理解，主要考虑保护的必要性和相关规定未为适当规范两项因素，❹从而由主管机关❺核定"其他有价证券"纳入台湾地区所谓"证券交易法"的适用范

---

❶ 朱大明、陈宇：《日本金融商品交易法要论》，法律出版社2017年版，第52—55页。

❷ 赖源河：《证券法规》，元照出版社2010年版，第195页。

❸ 台湾地区所谓"证券交易法"第6条："本法所称有价证券，指政府债券、公司股票、公司债券及经主管机关核定之其他有价证券。新股认购权利证书、新股权利证书及前项各种有价证券之价款缴纳凭证或表明其权利之证书，视为有价证券。前二项规定之有价证券，未印制表示其权利之实体有价证券者，亦视为有价证券。"

❹ 台湾地区所谓"证券交易法"第6条虽明文列举数种有价证券，范围相当有限，但亦授权主管机关得因实际需要，指定其他有价证券纳入本规范。主管机关指定时，主要应考虑两项因素。第一，保护的必要性：依证券的性质及投资人的状况，为防止证券欺诈或其他不法情事，有纳入所谓"证券交易法"规范的必要。第二，相关规定未为适当的规范：如已有其他完善的规定，足以保护投资人者，原则上无须再为指定。参见赖英照：《股市游戏规则——最新证券交易法解析》，2017年自版发行，第18页。

❺ 台湾地区所谓"证券交易法"第3条："本法所称主管机关，为金融监督管理委员会。"

围。实践中，当前台湾证券交易所交易的有价证券具体包括了股票、台湾存托凭证、认购（售）权证、债券、受益凭证、ETF、受益证券、ETN 等。[1]

关于有价证券的上市审核制度。有价证券上市将使发行公司成为大众公司，为建立公正、健全发展的证券市场，需要对上市的证券品质加以管理，而这有赖于证券主管机关对于上市制定各种规范，并以公权力介入私法契约，以达致监督效果。[2] 台湾地区所谓"证券交易法"第 140 条确立了证券交易所的上市审查制度，证券交易所依据该条制定的有价证券上市审查准则（该上市审查准则需经台湾金融监督管理委员会核定后方可实施）系采实质审查原则，对于各种类别的公司，应具备一定的设立年限、资本额、获利能力、股权分散以及公司治理等条件均有详细的规定。[3]

### 5. 香港联交所

1980 年，香港政府通过合并香港证券交易所（成立于 1947 年）、远东证券交易所（成立于 1969 年）、金银证券交易所（成立于 1971 年）和九龙证券交易所（成立于 1972 年）这四家交易所的方式组建了香港联合交易所有限公司（以下简称"香港联交所"）。[4] 1986 年，香港联交所正式对外开业。2000 年 3 月，香港联交所由会

---

[1] 台湾证券交易所网站"产品与服务"一栏中"上市证券种类"部分的内容，特此说明。参见台湾证券交易所网站，https：//www.twse.com.tw/zh/，2020 年 10 月 13 日访问。

[2] 吴光明：《证券交易法论》，三民书局出版社 2012 年版，第 210—211 页。

[3] 赖英照：《股市游戏规则——最新证券交易法解析》，2017 年自版发行，第 84 页。

[4] 20 世纪 70 年代以来，香港证券市场进入了由香港证券交易所（成立于 1947 年）、远东证券交易所（成立于 1969 年）、金银证券交易所（成立于 1971 年）和九龙证券交易所（成立于 1972 年）四家交易所并存的"四会时代"。由于这四家交易所各自为政引发了交易效率低下、市场投机频现等各种弊端。1980 年，香港政府通过了合并四家交易所的法案并成立了香港联合交易所有限公司。参见郭莉主编：《香港证券市场全透视》，中信出版社 2009 年版，第 56 页。

员制实行股份制改革。❶ 当前，香港联交所是香港唯一认可的经营证券市场的交易所，其经营的证券产品丰富多元，包括了股本证券、交易所买卖产品、衍生权证、界内证、牛熊证、房地产投资信托基金、债务证券。❷

当前，香港联交所设置了两大市场板块，分别为主板市场和创业板市场。❸ 在证券发行与上市审核方面，香港实行的是发行与上市相融合的"双重存档制"（dual-filing）❹。为落实"双重存档制"，香港联交所与香港证券及期货事务监察委员会（以下简称"香港证监会"）于2003年1月28日签订了《上市事宜谅解备忘录》，明确了两者在证券上市方面的分工以避免两者在工作中出现职责重叠并方便与市场进行沟通。❺ 具体而言，香港联交所在证券上市方面是上

---

❶ 2000年3月，香港联交所、香港期货交易所有限公司（以下简称"香港期交所"）与香港中央结算有限公司（以下简称"香港结算公司"）合并成立了香港交易及结算所有限公司（以下简称"香港交易所"），并于2000年6月以介绍形式在香港联交所上市。实施合并后，香港联交所、香港期交所和香港结算公司成为了香港交易所的全资附属公司。

❷ 香港交易所网站"产品"一栏中"证券产品"部分的内容，特此说明。参见香港交易所网站，https://www.hkex.com.hk/?sc_lang=zh-cn，2020年10月13日访问。

❸ 主板市场是为较成熟公司而设的，上市公司须符合盈利或其他财务要求，在主板挂牌的公司来自包括银行、地产发展商、互联网公司等在内的不同行业；创业板市场的上市资格低于主板，但其持续责任与主板类似的市场，对象是中小型发行人。参见香港交易所网站，https://sc.hkex.com.hk/TuniS/www.hkex.com.hk/Listing/Getting-Started?sc_lang=zh-HK，2020年10月13日访问。

❹ "双重存档制"是《证券及期货（在证券市场上市）规则》下的规定，自2003年4月1日起生效。根据《证券及期货（在证券市场上市）规则》第2部"在证券市场上市"中第5条次"申请书副本须送交证监会存档"的规定，所有上市申请人及上市公司均须透过香港联交所，向香港证监会提交上市申请及信息披露材料以作存档。藉此，香港证监会可对发表虚假或具误导性企业资料的人士行使执法权。自2017年起，香港证监会在审阅上市申请时直接向申请人提出查询，以确定某宗申请是否产生《证券及期货（在证券市场上市）规则》下的任何关注事项。参见香港证券及期货事务监察委员会网站，https://www.sfc.hk/web/TC/regulatory-functions/listings-and-takeovers/dual-filing/，2020年10月13日访问。

❺ 港证券及期货事务监察委员会：《联合咨询总结建议改善香港联合交易所有限公司的上市监管决策及管治架构》，载香港证券及期货事务监察委员会网站，https://www.sfc.hk/edistributionWeb/gateway/TC/consultation/conclusion?refNo=16CP2，2020年10月13日访问。

市申请人的主要联络点,在证券上市相关事宜方面是前线监管机构,根据主板及创业板上市规则行使上市核准决定权。而香港证监会则定期审核或检讨香港联交所在规管上市相关事宜方面的表现,并保留核准决定的最终否决权,以间接达致监管证券上市的目的。❶

### (二) 境外比较考察对建立澳门证券交易所的启示

#### 1. 证券交易所的组织形式选择

自 1993 年瑞典斯德哥尔摩证券交易所开启证券交易所公司化改制的先河以来,全球范围内多数国家、地区的证券交易所都选择了公司制。前述五家在世界范围内具有代表性的证券交易所也都相继改制为公开上市公司制或未上市股份公司制证券交易所。❷ 值得注意的是,会员制和公司制证券交易所并无优劣之分,然而多数国家、地区的共同选择结果意味着公司制证券交易所在当今国际资本市场环境更具有适应性、竞争性和活力。因此,拟建澳门证券交易所的组织形式应当顺应证券交易所公司化改制的国际主流趋势,优先考虑公司制。

#### 2. 证券交易所通过并购谋求新的发展并不影响交易所的独立存在

进入 21 世纪以来,证券交易所在全球范围内出现了并购热潮。如纽约证券交易所自 2005 年与芝加哥股票电子交易平台合并为纽约证券交易所集团股份公司之后,又经历了与泛欧证券交易所合并为纽约-泛欧证券交易所公司,并收购了美国证券交易所等过程。又如,日本东京证券交易所和大阪交易所在 2013 年 1 月 1 日合并组建

---

❶ 证券及期货事务监察委员会:《证券及期货事务监察委员会就交易所规管上市事宜的表现而作出的检讨报告 (2018 年 12 月)》,载香港证券及期货事务监察委员会网站,https://www.sfc.hk/web/TC/files/ER/ PDF/17% 20 - % 202018% 20review% 20report% 20 (Chinese) . pdf, 2020 年 10 月 14 日访问。

❷ 陈建伟:《中国证券交易所公司化改制研究》,北京大学出版社 2018 年版,第 17—19 页。

了日本交易所集团，2019年10月起又将东京商品交易所纳入集团之中。一系列并购案例表明，证券交易所通过并购方式获得长足发展的同时并没有使证券交易所的数量减少，并购后仍然作为独立法人实体存在。因此，在《粤港澳大湾区发展规划纲要》等国家政策支持下，建立澳门证券交易所无疑可为今后建立大湾区交易所集团作好铺垫，这有助于提高我国证券交易所在世界资本市场中的竞争力，扩大市场规模和投资者基础等。

3. 证券交易所板块的多层次化与证券品种的多元化

境外证券交易所普遍通过内部分层形成了多层次市场板块，这既是顺应企业融资需求多样化和投资者结构多样化的产物，也是迎合国家战略与产业升级需求以及交易所之间良性竞争的必然结果。❶就证券交易品种而言，前述五家证券交易所的交易品种广泛，不仅包括传统有价证券，更是在股票、债券基础上发展出了种类多样的证券衍生品或金融衍生商品。其中，值得关注的是，英国、日本相继开启了资本市场统合运动，通过金融商品横向规制的方式扩大证券品种，将具有证券属性的金融商品，如集合投资计划等一并纳入法律调整范围。考虑到澳门邻近已有的深圳证券交易所和香港联交所，澳门要在证券交易所建设方面有所突破，达到错位发展，可以考虑对拟建的澳门证券交易所在证券品种和板块设置方面采取渐次丰富的发展思路。

4. 证券发行审核制度

纵观各国或地区，证券发行审核制度主要有核准制和注册制两种。应当说不管是核准制还是注册制都存在着各自的优势和不足，

---

❶ 上海证券交易所：《境外交易所市场内部分层的经验借鉴》，载上海证券交易所网站，http://www.sse.com.cn/aboutus/research/research/c/3986629.pdf，2020年10月14日访问。

但无论如何两者都不同程度地折射出政府对证券发行的干预。❶ 相对而言，注册制比较符合效率原则，世界上多数国家、地区都采取了注册制，如美国、英国、日本、德国、法国、意大利、澳大利亚以及我国台湾地区等。❷ 值得注意的是，中国 2019 年新修订的《证券法》明确规定证券发行注册制。因此，澳门一方面可应顺应市场经济发达国家、地区的证券发行审核制度，另一方面可与内地 2019 年新修订的《证券法》对接，实施证券发行注册制。

5. 健全完备的证券法律制度有助于交易所的良性健康发展

为确保证券交易所的健康有序发展，各国或地区往往就此展开专门立法或者是在法律中设专章规定证券交易所的设立、经营、治理、解散等内容。即便是以判例法著称的英美国家也有成文法的规定，譬如，美国的《1933 年证券法》和《1934 年证券交易法》、英国的《2000 年金融服务与市场法》和《2012 年金融服务法案》等。换言之，证券交易所从"摇篮到坟墓"，市场经济发达国家、地区的法律都作出了细致规定。因此，建立澳门证券交易所首先需要从法律制度层面发力，通过修改《澳门商法典》确保有法可依并作好法治铺垫。

## 四、建立澳门证券交易所的具体制度应对

这里的具体制度应对是指拟建的澳门证券交易所如何有别于沪深证券交易所和香港联交所，实现错位发展。本文认为，一方面，这需要根据《澳门特别行政区基本法》第 17 条第 1 款赋予澳门的立法权，结合澳门本地实际情况，从发挥澳门所长的角度进行制

---

❶ 关于证券发行核准制与注册制的具体考察及其利弊分析，参见李东方：《证券监管法论》，北京大学出版社 2019 年版，第 346—353 页。

❷ 转引自范健、王建文：《商法学》，法律出版社 2015 年版，第 263 页。

度创新;另一方面,结合"一国两制"的制度优势和前述境外证券交易所比较考察的启示进行制度移植。也即通过制度创新和制度移植这两个维度展开设计,具体从宏观和微观两个方面予以落实。

（一）宏观方面——通过修改《澳门商法典》引入证券法律制度

《澳门商法典》从1999年生效实施,分别在2000年、2009年和2015年进行了三次修改。《澳门商法典》共分四卷,分别为第一卷"经营商业企业之一般规则"、第二卷"合营企业之经营及企业经营之合作"、第三卷"企业外部活动"以及第四卷"债权证券"。该法典没有涉及有关证券发行和交易方面的内容。究其原因,一方面在于《澳门商法典》颁布之前,澳门一直沿用葡萄牙《1888年商法典》,尽管该法典第八编是"股票市场运作"（第351条至第361条）,然而仅是立法的粗疏规定。葡萄牙商法颁布以后一个多世纪内社会经济情况发生了重大变化,商法典的许多内容显得陈旧过时。❶另一方面,澳葡政府在澳门回归只剩3年的时间内才仓促着手商法典的起草,这使其制定初始已经脱离了澳门商业发展的轨道。另外,立法者（立法者都是葡萄牙人）对华人社会的陌生,更使法典与社会实际的关系更加紧张。❷澳门特区政府也意识到了澳门现有的法制水平与澳门社会各界的期待、澳门发展的客观需要存在着一段较大的差距,澳门的法律改革必须不断推进。❸

因此,澳门法律唯有通过修改才可以本地化,而且在商法全球化趋同与竞争的背景下必须本土化。所以,借着澳门拟建证券交易

---

❶ 曹锦俊、刘耀强:《澳门商法》,社会科学文献出版社2015年版,第48—49页。
❷ 黎晓平、汪清阳:《望洋法雨:全球化与澳门民商法的变迁》,社会科学文献出版社2013年版,第194—195,209—210页。
❸ 蔡肖文:《怀旧还是超越:澳门法律改革的现状与未来》,载《河南财经政法大学学报》2014年第3期。

所这一良机,由澳门特区对《澳门商法典》展开修改。从当前《澳门商法典》的体例编排设置来看,考虑到第四卷已有证券成分,因此,可以直接将第四卷"债权证券"的名称修改为"证券发行与交易",并在此基础上新增相关内容。

就新增的具体内容安排和设计来看,考虑到一方面澳门地区与台湾地区、中国内地及日本同属大陆法系,日本和我国台湾地区已经分别出台了《金融商品交易法》和"证券交易法",尤其是中国2019年新修订的《证券法》,核心亮点表现为相对扩大了证券法的适用范围、全面推行证券发行注册制、提高投资者的保护水平、完善证券交易制度、强化证券监管以及风险防控等。值得注意的是,香港地区虽属于英美法系,然而在证券发行与交易方面出台了《证券及期货条例》《证券及期货(在证券市场上市)规则》等法律文本。另一方面,澳门与中国内地、台湾、香港同属华人社会,彼此之间对于法律制度、商业往来以及行为模式等方面具有认同感,特别是澳门与中国内地的联系更为紧密。此外,如前所述,建立澳门证券交易所的一大目的在于缓解大陆发行企业数量多与证券市场容量有限之间的紧张关系。因此,为确保大陆与澳门的证券上市规则平滑且有效衔接,防止大陆公司来澳门上市发生规则摩擦等情形,《澳门商法典》第四卷新增内容可以直接以中国内地2019年新修订的《证券法》为蓝本,重点参考其中的第二章"证券发行"、第三章"证券交易"、第五章"信息披露"、第七章"证券交易场所"等内容,并参照日本的《金融商品交易法》、台湾地区的"证券交易法"以及香港地区的《证券及期货条例》《证券及期货(在证券市场上市)规则》中有关证券发行与交易方面的规定,围绕证券交易所、证券品种、证券发行注册制、证券上市、证券交易、信息披露、投资者适当性管理、证券登记结算、证券监管以及不当证券交易行为(如不当信息披露、内幕交易以及操纵证券市场等)的法律规则和罚则等做出规定,为建立澳门证券交易所提供法律制度保障。

此外,有关澳门证券交易所的业务规则体系、法人治理结构、证券交易所一线监管等方面的制度安排,可以参照中国内地的《证券交易所管理办法》以及沪深证券交易所、台湾证券交易所、香港联交所的现有规则先行制订,在澳门证券交易所后续不断发展的过程中再逐步完善。

(二) 微观方面——拟建澳门证券交易所错位发展的法律对策

为了使建立的澳门证券交易所能够充分利用后发优势,体现有别于沪深证券交易所和香港联交所的特点,达致错位发展,在具体的法律对策设计上可以考虑的思路包括但不限于如下几个方面。

1. 在证券交易所组织形式上优先考虑公司制

澳门证券交易所的组织形式应区别于沪深证券交易所的会员制而优先考虑公司制。由于建立澳门证券交易所具有服务国家所需、实现澳门经济适度多元化发展以及打造新的人民币离岸中心等现实意义,因此,澳门证券交易所的设立方式应有别于普通公司的一般设立方式而应采核准主义。具体而言,可由上海证券交易所和(或)深圳证券交易所、中国证券登记结算有限责任公司、MOX以及具有丰富的金融经营管理经验的澳门本土金融公司等一起作为发起人,依托前述法人实体成熟的证券发行、交易、结算、登记、托管、监管等技术和制度来建立澳门证券交易所。这一设计可以顺应国际上证券交易所公司化改制的趋势,并为今后扩大证券交易所的市场竞争力而组建深圳—澳门证券交易所(以下简称"深澳证券交易所")、上海—澳门证券交易所(以下简称"沪澳证券交易所")甚至大湾区交易所集团(由深圳证券交易所、香港联交所、澳门证券交易所等组建而成)奠定基础。考虑到MOX已有公开发行债券并上市的经验,也即MOX在一定程度上具备了进化为澳门证券交易所的基础条件,所以可以直接在MOX的基础上将其升级为澳门证券交易所。这有助于一方面在较短的时限内顺利建立澳门证券交易所，另一方面节省制度成本和人力物力成本。待澳门证券交易所发起设立后，根据澳门金融监管职责分工，在经澳门金融管理局审核后，由澳门特别行政区行政长官签署行政命令，并自该行政命令公布生效后，澳门证券交易所才获得公司法人的权利能力和行为能力。

2. 在证券品种和板块设置上选择渐次丰富的发展思路

证券的主要表现形式为股票和债券。因此，可在澳门证券交易所交易的证券品种，股票和债券应为首选。考虑到 MOX 属于债券发行的金融交易平台，而且按照前述制度设计，澳门证券交易所是在 MOX 基础上进化而来。若在澳门证券交易所发展初期将股票纳入交易品种可能会与以股票交易见长的沪深证券交易所、香港联交所相比，不具有后发优势且也没有达到错位发展的要求。所以，澳门证券交易所在发展初期，交易品种建议以债券为主。一方面为防止澳门证券交易所发展初期交易品种过于单一，另一方面为配合澳门财富管理业务的发展需要，可以考虑将以人民币计价的商业银行、保险公司、证券公司、信托公司等金融机构发行的资产管理产品一并纳入澳门证券交易所发展初期的交易品种范围。这与一些国家或地区，如中国内地、英国、日本等将具有证券属性的金融商品纳入证券法的调整范围或者是将传统证券纳入金融商品范畴的做法相吻合。待澳门证券交易所经营一段时期或发展到一定阶段后，再开展股票业务。在股票业务方面，除了依靠大陆雄厚的上市公司后备资源以外，还可以考虑发挥澳门博彩业发达的长处，开发出与博彩具有相似射幸属性的证券衍生品，如权证、股票期权等。在板块设置上，为满足不同经营规模、盈利水平和发展阶段企业的融资需求以及服务国家所需和推动澳门经济适度多元化发展，随着澳门境内、外企业上市的增加再考虑在澳门证券交易所内部设置诸如英国、日本、中国内地及香港地区的创业板市场、科创板市场、中小板市场以及允许澳门地区境外企业在前述板块市场挂牌或是直接设置专门的国际板市场等不同的板块。此外，澳门证券交易所还需就内部不同板块之间的转板规则一并作出安排。

3. 在证券发行审核制度上实行完全的注册制

本文认为在澳门证券交易所交易的证券的发行审核制度应当实行完全的注册制。这里包含了两层含义。第一层含义，澳门实行的是一步到位的注册制，也即在澳门证券交易所交易的证券品种和不同板块（前提条件是澳门证券交易所确实设立了不同的板块市场）均实行注册制，有别于中国内地 2019 年新修订的《证券法》第 10 条第 1 款所确立的在沪深证券交易所不同板块和证券品种方面分步实施注册制。第二层含义，注册制之下证券发行与上市一体化模式下澳门证券交易所享有审核主导权和决定权。在发行与上市一体化模式下，澳门证券交易所介入证券发行阶段，证券发行与证券上市的审核主体均为澳门证券交易所。换言之，澳门证券交易所围绕证券发行与上市一并进行审核，这一方面有助于避免重复审核，提高企业上市效率并节约时间成本；另一方面属于还权于市场，让市场在资源配置中起决定性作用，同时也扩大了澳门证券交易所的自治权。当然，在证券发行与上市阶段，澳门证券交易所除了审查发行企业的信息披露质量（披露的信息应当真实、准确、完整，简明清晰，通俗易懂，不得有虚假记载、误导性陈述或者重大遗漏）以外，从提升澳门证券交易所市场竞争力吸引更多澳门境内外企业赴澳门上市视角以观，还要实行前述纽约证券交易所在上市阶段基于"商业判断原则"的实质性审查。换言之，澳门证券交易所还需适当引入实质性审查元素以确保在澳门证券交易所交易的证券品种能够满足证券市场的最低质量和品质要求，谨防在澳门证券交易所发展初期出现"垃圾证券"，从而影响澳门证券交易所的健康发展。

# Research on the Institutional Response of Establishing the Macao Stock Exchange

Zhou Yousu    Zhuang Bin

**Abstract**: The Outline Development Plan for the Guangdong – Hong Kong – Macao Greater Bay Area clearly states that to support Macao in developing special financial products and services, study the feasibility of establishing in Macao a securities market denominated and cleared in RMB, which provides an important opportunity for the establishment of the Macao Stock Exchange. The establishment of the Macao Stock Exchange can rely on the mainland's strong reserve resources of listed companies and a large number of potential investors to create a new RMB offshore center and promote the moderately diversified and sustainable development of Macao's economy. Based on the investigation of the development status of relevant extraterritorial stock exchanges, this article believes that under the background of internationalization, from the perspective of exploiting the Macao's advantages to the full, serving the national needs, and dislocation development, the establishment of the Macao Stock Exchange should be through two dimensions, which includes institutional innovation and institutional transplantation, to consider the countermeasures of specific scheme design.

**Key Words**: Macao Stock Exchange; Extraterritorial Investigation; Dislocation Development; Institutional Response

【学术新声】

# 清代至民国旗产的历史变迁与法律规制[*]
## ——以《变通旗民交产旧制折》为切入点

翟家骏[**]

**内容摘要**：在晚清法律变革浪潮中，修订法律大臣沈家本向清廷上奏《变通旗民交产旧制折》，该折呈现有清一代"旗民交产"所涉及的旗产、律例和满汉关系等诸多法律与社会问题。从历史变迁的角度看，民间习惯与国家制定法之间互相角力拉锯，清代的旗产在法律政策中经历禁而又开、开而复禁的复杂过程，最终到清末修律时才彻底放开。但旗产问题还遗留至民国，民国初年的司法实践对旗产进行法律保护。从法律规制的角度而言，有关旗产的例文成为缺乏变通性的"具文"，而《大清律例》和《户部则例》关于旗产问题的法律冲突现象背后，隐含传统法律体系中律例之间的实质关系问题。在法政意识的层面，该折体现在民族国家的宪政框架

---

[*] 基金项目：本文系国家社科基金一般项目"沈家本新研究"（项目编号：18BFX029）的阶段成果。

[**] 翟家骏，清华大学法学院博士研究生，研究方向：中国法律史。

下，沈家本化除满汉畛域的民族平等观念。

**关键词：** 沈家本　旗产　习惯　满汉

## 一、引言

为维护旗人的特殊利益与社会地位，清代在国家制定法的层面基本禁止旗人与汉人交易旗产。在清末修律中，解除"旗民交产"的禁令也是其中一个重要的法律变革举措，光绪三十三年（1907年）时任修订法律大臣的沈家本向清廷上奏《变通旗民交产旧制折》，该折收录于沈氏的私人文集《寄簃文存》第一卷之中，沈家本以"万物之生机，必周流而始能便利"为由，请求变通旗民不准与民人买卖土地的禁令，还认为"必立法之先统于一，法一则民志自靖"，奏请在刑法上化除满汉畛域，删除《大清律例》内"满汉罪名畸轻畸重及办法殊异之处"，使各民族适用同一法律。[1] 这些都体现沈家本把"满汉划一"的理想灌注到制度建构中的努力，推动清末法政改革向社会民事领域的纵深发展。

从文本内容来看，沈家本在《变通旗民交产旧制折》中主要从三个方面论述应当变通旗民交产旧制的理由，首先是法令本身缺乏可执行性，禁令往往难以贯彻执行，"顾例禁虽严，而私相典卖，难于稽察"，不如变通旧制，让旗人自谋生计，顺民生理；其次是法律规范框架内保持统一性的考虑，沈家本详细考察关于旗民交产的法律规范，认为《大清律例》和《户部则例》的规定相互龃龉，产生法条竞合的问题，导致法律体系内部的矛盾，必须及时进行删改；最后是从施行宪政、化除满汉畛域的政治背景出发，认为"旗民不准交产，亦显分畛域之一端，自应及时变通，未可拘牵旧制"，最终

---

[1] 李贵连：《现代法治：沈家本的改革梦》，载《沈家本评传（增补版）》，中国民主法制出版社2016年版，第6页。

实现"便民生而化畛域,洵共保安全之一策"的目标。❶ 通览整个奏折,沈家本的思路清晰,论据翔实,逻辑严密,论证充分。以沈氏奏折为出发点,本文将围绕法律客体即旗产以及法律现象即旗民交产为中心,从历史事实、社会转型、法律规范以及法政意识的几个方面展开论述。

## 二、清代至民国"旗民交产"法律政策的演变

旗民交产的行为对象是旗产,那么本部分要解决的问题主要围绕旗产而展开:第一,旗产的定义和范围是什么,清代旗民交产的历史演变和法律规制如何?第二,在旗民交产问题上,清代的制定法规范呈现出先禁后开、开后又禁、禁后再开的反复立场,其具体原因是为何?同时,以旗产为考察对象,我们可以探究国家制定法如何回应与规制民间习惯,民间习惯反过来又对成文法规范产生怎样的影响?第三,旗产制度随着民国建立终结了吗?如果旗产在民国初期还延续,那么在法律实践中呈现怎样的状态?

### (一)清代前期对"旗民交产"的严禁

旗产是有清一代较为特殊的产权类型,具有鲜明的时代性和地域性。旗产,顾名思义,与八旗制度紧密相关,清朝入关之后将圈占的汉人土地或者无主荒地分配给王公贵族和八旗子弟,就产生了旗地。❷ 而关内的旗地主要集中分布在北京近郊以及直隶,也就是今天的京津冀地区。虽然圈占的旗地属于旗人,但旗人自己并不种田,而是让民人(汉人)种田,而旗人收取租金,有清代大臣曾说:

---

❶ 《变通旗民交产旧制折》,载〔清〕沈家本撰,邓经元、骈宇骞点校:《历代刑法考》(第四册),中华书局1985年版,第2033—2037页。
❷ 旗地按地域划分为关外也即东北的旗地和关内的旗地,本文中讨论的对象主要是关内的旗地。

"民人自种其地,旗人坐取其租,一地两养,彼此相安。"❶ 旗产包括旗地和旗地之上的旗房等附属建筑物,清初圈占并免除了田赋的旗地又叫"老圈地"。此后旗人另行开垦的旗地叫"旗宗地"或者"升科地"等,均需按亩上交田赋。❷ 本文的旗产是较为广泛和上位的概念,旗地是下位概念,但旗产与旗地的概念在历史发展中也有变化,晚清劳乃宣曾著有《直隶旗地述略》,其将旗地分为旗圈、旗租、旗产和旗荒四类,并对相关概念和法律沿革进行简单介绍与梳理,在其看来,旗地较旗产而言是上位的概念。❸ 为了保持旗人的生计,清廷实行旗地"永昭世守"的子孙承袭制和"永停输纳"的免赋政策。因而,旗产的性质是公产,旗人只有旗产的占有权和使用权,清朝初年对旗产的控制比较严格,不仅不允许旗人置买民产,也不允许八旗内部旗产的越旗交易,更不允许民人购买旗产。《大清会典》规定:"八旗官兵所受之田,毋许越旗买卖及私售与民。违者,以隐匿官田论。"❹

旗民交产的法律现象本身意指双向的两个方面:旗人置买民人产业和民人典买旗产(包括典和买的两种方式),清代法律实践中最常出现和立法严禁的往往是后一个方面。因为清廷实行的"以旗统民"政策,清廷对旗人"若父母之育子,保惠殷勤。税赋则屡免再三,特赏则动盈千万计,其衣食发内帑以资生赡,其喜丧裕公以待用。"❺ 所以用国家财政来供养旗人群体的生活,旗人定期领取俸米和饷银,其衣食生计全依赖政府支出,因此也没有多余的财产来置买产业,所以旗人置买民人产业的现象不太多。但是从康熙朝到雍正朝,旗人置买民产不仅经常发生,民间贫困旗人房地典卖给民人

---

❶ [清] 孙嘉淦:《八旗公产疏》,载《皇朝经世文编》第 35 卷。
❷ 《中国历史百科全书(第 4 卷)》,吉林大学出版社 2004 年版,第 126 页。
❸ [清] 劳乃宣:《直隶旗地述略》,载《北洋法政学报》1909 年总第 117 期。
❹ 《大清会典》乾隆朝,第 10 卷。
❺ 《上谕八旗》,转引自高中华:《清朝旗民法律关系研究》,经济管理出版社 2015 年版,第 120 页。

的情况日益增多。清廷供养旗人生计的优待政策随着旗人数量迅速增长势必不能长久,一方面清廷不允许旗人从事农耕生产、经商做工等各类职业,另一方面旗人人口增多,但征兵和发饷的数额不变,新增人丁也不分配旗地,造成旗人经济生活水平日益下降,这和明代国家财政供养朱姓藩王的政策效果如出一辙,都在社会上形成了一个愈来愈庞大但又愈来愈贫穷的"寄生阶层"。到乾隆时期,"旗人生计"已成为比较严重的社会问题。御史赫泰在《复原产筹新垦疏》中讲道:"当顺治初年到京之人,此时几成一族,以彼时所给之房地,养现今之人口,是一分之产而养数倍之人。"❶ 在这种情形之下,旗人出于生计所迫,将旗产或典或卖与汉人就成为较为普遍的社会现实。

据《八旗通志》记载,雍正元年(1723年),清廷制定了旗产税契例。在该旗产税契例内,清廷重申旗民交产禁例:"查定例内,不许旗下人等与民间互相典卖房地者,盖为旗人恃房地为生,民间恃地亩纳粮,所以不许相互典卖,斯诚一定不易之良法也。"❷ 雍正七年(1729年)谕:"八旗地亩,原系旗人产业,不准典卖与民,向有定例。今见有典卖与民者,但相沿日久,著从宽免其私相授受之罪,各旗务将典卖与民之地,一一清出,奏请动支内库银,照原价赎出。"说明旗地典卖为时已久,而且已具相当规模。但旗地本属官田,不必向国家纳税课役,民人宁愿出高价购买旗地,通过法律规避以"长租"或者"老典"的名义实际达到"旗民交产"的目的。乾隆初期大臣舒赫德说:"(旗地)昔时所谓近京五百里者,已半属于民人"。户部也估计"民典旗地,不下数百万亩,典地民人,不下数十万户。"❸ 但清代前期的旗民交产禁令均属于皇帝谕旨和会

---

❶ 《皇朝经世文编》第35卷,转引自高中华:《清朝旗民法律关系研究》,经济管理出版社2015年版,第120页。

❷ 《八旗通志》第70卷。

❸ 《大清会典事例》卷一五九,转引自白寿彝总主编:《中国通史》(第17册),上海人民出版社2015年版,第351页。

典例文，而没有明文规定在《大清律例》中。

## （二）清代中晚期"旗民交产"政策的反复

嘉庆十三年（1808年），户部奏准定例："旗地旗房，概不准民人典买，如有设法借名私行典买者，业主售主俱照违制律治罪。地亩房间价银一并撤追入官。失察该管官，俱交部严加议处。至旗人典买有州县印信跟随之民地民房，或辗转典买与民人，仍从其便。"❶ 此条例文于次年载入《大清律例》。这是清廷正式在《大清律例》中确认旗民交产行为的违法性，将原先的户例升入国家刑律之中。在该例文中，禁止民人典买旗产，但以法律形式认可并保护旗人典买民产的合法性与有效性。但随着旗民分治被现实中旗民交流冲击，旗民之间的界线变得模糊，旗民混居现象增多，国家法禁止旗民交产并不能有效地阻止现实中该交易的大量发生。

到咸丰二年（1852年），清政府首次宣布正式撤销"旗民交产"的例禁，在颁布的上谕中说："向来旗民交产，例禁綦严，无如日久弊生，或指地借钱，或支使长租，显避交易之名，阴行典卖之实。此项地亩，从前免纳官租，原系体恤旗人生计。今既私相授受，适启胥役人等讹诈勾串等弊，争讼繁多，未始不由于此。若仍照旧例禁止，殊属有名无实……"❷ 遂正式承认旗民交产的合法性。

根据上谕，户部还相应拟定《旗民交产章程》："查出私买旗地，免追花利。清查各项旗地，划除民地……旗产归旗，照旧纳粮。责成州县办理，分别劝惩。从之。"❸ 户部对旗民交产的交易事项均进行细致的法律规制，但是上谕颁布后，将旗地报请升科的州县很少，而且盗卖隐占旗地的案件不断，国家并未能够因此增加赋税收入。仅六年多之后，咸丰九年（1859年），户部奏请"旗民交产升

---

❶ ［清］吴坤修等编撰：《大清律例根原·壹》，上海辞书出版社2012年版，第445页。
❷ 《大清会典》光绪朝，第160卷。
❸ 《清文宗实录》，第80卷。

科无多，徒滋涉讼，拟请仍禁民人典买旗地，而复旧制"❶。清廷遂恢复旧制，禁止旗民交产。四年之后，即同治二年（1863年），御史裘德俊上奏"请复旗民交产之例"，清廷旋即批准，"仍照咸丰二年奏定章程办理"❷。

但是光绪十五年（1889年），旗民交产再次被禁止，这也是最后一次被禁止，当时户部奏请："自开禁以来，三十余年，检查臣部档案，民置旗地已五千余顷。虽核办升科，尚无窒碍之处；而深惟本计，终非久远之图……若旗民交产，常此开禁，则旗民日见其少；而八旗生齿日见其繁，俸饷而外，他无恒产，非所以重根本也。"❸户部的考虑是旗地越来越少，但是旗人越来越多，旗地有限而人口繁衍无限，这会使得政府承担过重的经济负担，因此建议恢复旧制，禁止将旗产卖与民人，清政府遂恢复旧制，不许旗民交产。

（三）清末"旗民交产"禁令的废止

旗民交产的彻底开放直到20世纪初才终于实现，光绪三十三年（1907年）十二月初七日，沈家本向清廷上《变通旗民交产旧制折》，清廷下谕令群臣讨论。同年十二月二十四日，度支部（即之前的户部）针对沈家本的奏折也做出回应，对沈家本的建议表示赞成，并请求清廷对相应的律例条文进行及时更改变通："现该大臣等以生理之源当令相济相通，始各有以自养，请嗣后旗民房地准以民人互相买卖，其外出居住营生者，准其在各省置买产业，《户部则例》旗民交产各条仍一律遵用，将旧时刑部例文二条删除。窃惟张弛之道，因时制宜，况奉明谕化除满汉畛域，亟应及时变通，用昭一道同风之治。至该大臣等称规复旧制以后，民间私相受授者仍多，究属有名无实，且刁猾之徒转得藉例禁为勒掯之地，贫乏者急不能择，更

---

❶《大清会典事例》第160卷。
❷ 高中华：《清朝旗民法律关系研究》，经济管理出版社2015年版，第134页。
❸ 高中华：《清朝旗民法律关系研究》，经济管理出版社2015年版，第135页。

受挟制,于八旗生计无益等语,臣等详加体察,尤属实情。拟请照该大臣等所奏办理,除臣部则例旗民交产各条仍请一律遵用外其旧时刑部例文二条,即请饬下修订法律大臣删除,以归一律。"❶ 度支部认为应采纳咸丰二年(1852年)的户部定例,并且将刑律中的相关规定删除。度支部之所以同意旗民交产也是出于该行为在民间交易中禁而不绝,反倒使国家法律成为无权威效力的具文,莫如顺应民情修改法律放开禁例。❷

在该奏折得到清廷批准后,《顺天时报》也及时报道:"变通旗民交产:法律大臣沈侍郎去腊奏称准予旗民交产以实行融化满汉一事奉旨交度支部议闻,度支部已议覆请,旨照准矣。"❸ 这样,度支部意见得清廷允准施行,旗民交产的禁例被正式废除。"旗民交产"合法化后,旗地原有的"官有"和"免粮"的特征消失,逐步成为一般民田,或转为收租之官田。而纵观清代中晚期的旗民交产政策,不具有连续性和稳定性,在法律规范上经历了"禁止—开放—再禁止—再开放—再禁止—再开放"的动态变化过程,在不断反复中,法律规范的实际执行效力也大打折扣。所以在旗产问题上呈现出这样一种现象,一方面是民间旗民交产习惯的盛行,另一方面则是国家制定法的摇摆不定。

清代中后期对旗民交产的政策为何呈现出这样朝令夕改的不断反复的样态?曾任刑部尚书的律学专家薛允升指出经济和社会的两方面原因:"户部则例旗民交产各条内,有无论京旗屯田、老圈、自置,俱准旗户民人互相买卖,照例税契升科等语,俱与此例不符。光绪十五年,覆经户部奏明仍照原例,即此一事而数十年间屡经改

---

❶ 商务印书馆编纂:《大清新法令(1901—1911)》(第1卷),商务印书馆2010年版,第340页。
❷ 方宇:《清代国家法与民间法的冲突与融合——以旗民交产为视角》,载《民间法》(第15卷),厦门大学出版社2015年,第19—30页。
❸ 《顺天时报》,光绪三十四年正月初八日,总第1789期。

易。盖一则为多收税银起见，一则为关系八旗生计起见也。"❶ 因此，在薛氏看来，清廷允许旗民交产是为多收税款，但当税款征收不尽如人意时清廷就为八旗生计而又严格限制旗民交产。这样清廷在经济利益与旗人生计之间摇摆不定，导致政策反复无常。但薛允升所说的原因仅仅是直接因素，而更根本的因素在于国家法与民间习惯的相互角力之中，在旗民交产的问题上国家法与民间习惯两者存在严重冲突，一方面是法律规范层面上的禁止性规定，另一方面是法律实践层面上旗民交产的普遍性和频繁性。当国家法承认旗民交产的合法有效性时，民间习惯得到国家法的尊重与承认，反之，当国家法禁止旗民交产时，民间习惯就遭到国家法的轻视与否定。

（四）民初对"旗产"的司法保护以及"清理旗产"运动

旗民交产的禁令被清廷废止后不久，辛亥革命，政权交替，革故鼎新。以法理而论，民国政府名义上从清廷手中继承了属于官田性质的所有旗产，但因为民间旗民交产盛行，很多旗产在事实上已经从公产转变为私产。例如根据民国初年的《民商事习惯调查报告录》，在保定地区各县有旗民交产的习惯："民人买得旗人之地，谓为旗产民业。凡习惯称散圈地、赏赐地、食租地，概指旗产而言，一经旗人出卖，则民人取得所有权，自可树粮升科，殆将前此所纳之旗租复移作国家之正供。"❷ 民间习惯早已承认旗民交产的行为标志所有权的转移，而且原先向旗人缴纳的旗租也变为向国家缴纳的正常税收。

民国政府在旗产的法律处置上并不是简单粗暴征收，而是经过一番具体的清理、登记，然后或者令民众缴纳税租，或者整顿归公。一方面，民国政府承认旗产具有的特殊产权地位并予以法律保护，

---

❶ ［清］薛允升著，黄静嘉点校：《读例存疑重刊本》（第二册），成文出版社1970年版，第284页。

❷ 《民商事习惯调查报告录》，中国政法大学出版社2005年版，第18页。

1912年6月4日《临时大总统令》中就说："凡八旗人民私有财产统应按照待遇条件，仍为该本人所保有；其公有财产应由地方官及公正士绅清查经理，以备筹划八旗生计之用。"❶ 另一方面，袁世凯统治时期对旗地的清丈和处分活动已经开始，但是因为政局动荡而没有全面展开。民国北京政府在1915年颁布《直隶旗圈地售租章程》，该章程的目的是"在旗人售租得价、借资谋生，在佃户备价留置、确定产权，而国库收入既可增裕，租佃纠纷亦可解除。"❷ 也就是说佃户可以从旗人手中购得旗地的土地所有权。在《大理院判决例全书》中也收录了关于《直隶旗圈地售租章程》的若干判例，例如大理院八年上字第776号判例认为："旗产圈地售租章程所谓只许售租，不许售第者，惟限于旗圈食租地。若在老圈契置地亩，则仍应查照旗民交产之旧例办理，而不适用此项章程之规定。"❸ 不同类型的旗地适用不同的法律规制。

在司法实践中对于发生在旗民交产禁令仍然生效之时的案件，大理院仍按照清廷的《户部则例》旗民交产旧例办理，大理院甚至还认为在清代旗民交产禁例生效的期间内发生的土地买卖并不产生所有权转移的法律关系。例如有一件民国四年和旗产有关的土地所有权案件，❹ 从此案中可以看到大理院是如何把近代民法所有权的理论应用到旗产的问题上的，本案案情是上告人马永庆和被上告人马永俊、马永占，案外人马永桢的爷爷是四个兄弟，四兄弟将共有土地卖给吕姓之人，立有杜绝地契，但不知何故，到道光二十三年吕姓之人将地退回，然后该地旋即被典给吴姓之人，在光绪年间陆续被马家人赎回，现在原被告争执的焦点就在于该地被吕姓退回之后

---

❶ 民国北京政府《政府公报》，1912年6月，转引自李国栋：《民国时期的民族问题与民国政府的民族政策研究》，民族出版社2009年版，第109页。

❷ 《直隶旗租案文汇编》，首都图书馆藏手抄本，第2页，转引自王立群：《民国时期河北旗地政策述略》，载《满学论丛（第一辑）》，2011年，第288—313页。

❸ 郭卫编：《大理院判决例全书》，中国政法大学出版社2013年版，第488页。

❹ 本案材料来自黄源盛编：《大理院民事判例辑存（总则编）》，元照出版有限公司2012年版，第429页。

是否还属于四家共有的土地。大理院法官在判决理由中严格遵循司法三段论的论证策略和法律逻辑，首先在案件事实上，大理院查明双方争议的土地系属旗地，而吕姓之人为民人，其次在法律认定上，大理院认为："本院按现行法例，法律行为之有效成立，系以行为之目的合法惟要件，故其目的若与行为时之强行法规显相抵触，则当然不能发生效力，此定则也。查前大清律例典卖田宅门内载有旗地旗房不准民人典买违者处罚之条例，此项条例为嘉庆十五年所纂入，至咸丰年间始准旗民交产，同治五年编入户部则例，光绪十五年又由户部奏准规复，不准交产，旧例至光绪三十三年始由度支部删除。"因此本案发生的道光年间根据大清律例的规定，民人是不准典或买旗地的，因此将该地卖给吕姓之人的行为不能产生转移土地所有权的效力，所以吕姓之人在退回该地时，无论其退地字据写明的退地对象是谁，该地还是一直属于马家共有之地。最后大理院维持原判，"令被上告人等按股偿还上告人所垫赎款，各分受该地四分之一"，驳回上告。

根据另一起案件产生的大理院四年上字第217号判例认为："故人民在禁止交产时期内，抵受旗地者，不能生移转土地所有权之效力。"这里所说的人民就是指汉民。纵观本案，大理院抓住案件事实的关键即争议土地属于旗地，然后详细梳理了清代关于旗民交产的法律规范，最后所得出的法律结论是旗民交产不会产生转移土地所有权的法律效力，但是所有权是近代法学词汇，大清律例中显然没有所有权的字样，大理院的法官为追求法律事实的延续性与司法裁判的形式性，巧妙把近代民法学说与传统法律规范糅合，以当时最新的法律观念处理以前的历史遗留的法律问题。本案中大理院认为旗民交产的法律效力视当时的法律规范而定，如果在禁止旗民交产的期间内典买旗产的，不发生所有权转移的效力，反之在允许旗民交产的期间内则发生所有权转移的效力。

20世纪20年代，民国北京政府为了增加政府收入而大规模清理旗产，变更土地性质，让旗产转换为一般民地，按照民地的标准向政府纳税。可见当时民国虽然建立已久,且革掉清廷的命,但是旗产仍作为一种不向政府缴税的特殊产权类型保存下来,在司法实践中还得到民国法律的承认和保护。但世事变迁,随着时局动荡和政府收入的枯竭,民国十四年(1925 年)北京政府先后公布《京兆旗产地亩清理章程》和《京兆旗产地亩清理简章实施细则》,对旗产留佃、升科及有关田赋征收制度进行具体规定。为增加京兆财政收入,民国十五年(1926 年)还成立京兆全区旗产官产清理处的专门机构,对北京近郊地区前清各王公的赏地、圈地及一切不向政府纳税的旗产进行清理。以使这些旗产经过升科后,消除其土地特权的含义,成为向政府纳税的一般土地,而该项清理旗产活动一直延续到 1934 年左右为止。❶ 从效果来看,旗地的清理虽然不乏政府与旗人之间的利益之争,但客观上对于旗民生计之积极意义也是毋庸置疑的,毕竟清理旗产时政府会给旗人一些物质补偿或计丁授田,分给其土地以劝旗归农,使旗人成为自力更生的社会劳动者。这在一定程度上改善了旗人的生存状态,强化了旗人群体对于近代民族国家的归属感。❷

## 三、清代中晚期旗产的规范冲突:《大清律例》与《户部则例》之间

在旗民交产的规范上,清代中晚期法律的制定与实施表现出相当大的权宜性和随意性,然而我们应注意到嘉庆十四年(1809 年)《大清律例》中的旗民交产例文却一直没有变动。这造成在制定法体系之中存在着两个相反的法律规定,即《大清律例》禁止旗民交产,而《户部则例》却允许,也就是律例之间的法律规定相互冲突的问

---

❶ 有关民国时期河北地区清理旗产的研究请参见王立群:《民国时期河北旗地变革研究(1912—1934)》,首都师范大学 2009 年博士论文,第 34 页。
❷ 戴迎华:《民初旗民生计筹划考论:基于民族国家整合视野》,载《社会科学战线》2012 年第 10 期,第 86 页。

题，《大清律例·户律》中的相关例文与社会现实相比表现出严重滞后情况。林乾教授认为："载入《大清律例》严禁旗民交产的例文是嘉庆十三年的户部定例，而此时旗地之在民者肯定会超过乾隆前期的情况。况且，其距开放旗民交产禁例只有四十几年。就此而言，律例中的例文既不能反映清代中后期旗民田房买卖日趋繁多的真实情况，也起不到《户部则例》那样的调整旗民财产关系的法律作用。"❶ 由于《大清律例》修订的滞后性，导致《大清律例·户律》典买田宅门和《户部则例》旗民交产门下的条文就出现了长期抵牾的现象。那么该如何看待《户部则例》与《大清律例》的关系？其实《大清律例》与《户部则例》并不是现代法理学所理解的上位法与下位法的关系。当《大清律例》与《户部则例》条文发生冲突、需要做出取舍的时候，当时的人们只是根据历史的记录和当时的社会实际情况来做决定，而不考虑这些条文出自哪部法律。例如在旗民交产的法律变迁上，自始至终也没看到相关各方提出以"低位阶法的规定不得与高位阶法相冲突"为由来判定以《大清律例》为准，这也印证了这两部法典并不存在明显的位阶差别。❷

那么沈家本又是如何看待这个问题呢？沈家本在《变通旗民交产旧制折》中提到："户、刑两部例文彼此互相歧异"，即《大清律例》与《户部则例》关于"旗民交产"的问题规范不同，《大清律例》予以严禁，而《户部则例》不仅允许，甚至还规定了"交产"的办理细则。之所以出现这样的局面，是因为《大清律例》收录的是嘉庆朝的例文，而《户部则例》收录的是咸丰朝的规定，实际上后来光绪朝又出台有新的规定，但《大清律例》与《户部则例》都

---

❶ 林乾：《关于户部则例法律适用的再探讨》，载《法律史学研究》第一辑，中国法制出版社2004年版，第165页。
❷ 栗铭徽：《清代法律位阶关系新论——以〈大清律例〉和〈户部则例〉的关系为例》，载《华东政法大学学报》2017年第3期，第162页。

没有及时续修，因此内容也都没有再更新。❶

造成两部例文龃龉的直接原因在于两部人员仅了解掌握自己部门的例文而不熟悉对方部门的例文，两部之间缺少立法上的沟通机制，沈家本在《顺治律跋》中其实已经点明："原疏所列修律之员，吏户礼兵刑工五部各一人。盖以刑部律例与五部多相关涉，必须五部之人方通晓五部则例，遇有修改，不至与五部互相歧异。此前人办事精密之处。后来修律但用刑部之人，不复关照五部，于是刑部之例与五部往往歧异，援引遂多抵牾，竟至久同虚设。"❷ 所以，修律人员组成结构的变化是导致刑部之例即《大清律例》中的例文与五部则例歧异的直接原因，负责立法的人员不熟悉其他部门的则例而只熟悉刑部的例文，在修律时也不参照其他部门的例文，这样造成法律规范冲突也是必然后果。其实，修律人员组成结构变化和清代律例馆隶属关系和职能的变迁密切相关，笔者推测正是清代中期律例馆改隶刑部的事实导致修律人员"但用刑部之人，不复关照五部"。清代的律例馆，初设于顺治二年（1645 年），最初的性质是非常设机构，负责编订会典和六部则例，不承担法律解释的功能，律典纂成即告撤销，康雍时期编改《大清律例》也是特事特设，以各部院通习法律者为提调官及纂修官。到雍正七年（1742 年）律例馆归属刑部，总裁以本部尚书、侍郎兼任，提调官与纂修官以本部司员充任。同时各部分别开置则例馆修纂本部则例，律例馆专司《大清律例》的修订，律例馆的职能完成了从兼管各部条例到专司律例修订的嬗变。❸ 在乾隆之前，无论是修律例还是则例，都是由各部院共同商定、集思广益而成，由特设的律例馆负责纂辑，采用此种方法以便于律例与则例的更好衔接，后来由于各部事务繁多，所以各

---

❶ 清代修例，按照乾隆定制，律文不改，例则五年一小修，十年一大修，每次修例，存新弃旧。但《大清律例》自同治九年修订后，就再也没有修订过。

❷ ［清］沈家本撰，邓经元、骈宇骞点校：《历代刑法考》（第四册），中华书局1985 年版，第 2268—2269 页。

❸ 李明：《清代律例馆考述》，载《清史研究》2016 年第 2 期，第 150 页。

部逐渐自行开馆修例。❶ 民国法学家董康就指出清代律例馆曾有地位的变化和人员的变动："此馆（律例馆）向以九卿中会由刑部司员出身，素谙习律例长于听断者领之，各部则例概归其修订……此馆后经归并刑部，改用本部秋审处司员提调。"❷ 因之，律例馆的附属化与常设化导致了刑部与其他五部在修订例文时缺乏立法活动的一致性，六部之间在立法上隔阂逐渐加深，律例与则例之间条文相互抵牾也就不足为奇。

## 四、清末旗产改革的观念原因：从"满汉畛域"到"调和满汉"

清代旗产的法律问题涉及"旗人"与"民人"两个法律主体，也即满汉之间的法律关系，"旗产"这一法律客体具有浓厚的民族特征，是清代统治者"满汉畛域"意识的彰显，而沈家本改革旗民交产旧制的思想来源是"调和满汉"的法政观念。《变通旗民交产旧制折》就体现了从"满汉畛域"到"调和满汉"的清末法政观念的嬗变。

### （一）社会背景：从"家天下"到"民族国家"

在清末预备立宪的潮流中，近现代的"民族平等"理念也被越来越多的有识之士接纳，清廷被迫向社会公论让步。❸ 光绪三十三年七月（1907 年 8 月），清廷颁布上谕："我朝以仁厚开基，迄今二百余年，满汉臣民，从无歧视……现在满汉畛域，应如何全行化除，

---

❶ 陈煜：《论〈大清律例〉与各部院则例的衔接》，载苏亦工等编《旧律新诠——〈大清律例〉国际研讨会论文集》（第一卷），清华大学出版社 2016 年版，第 132—133 页。

❷ 董康：《中国修订法律之经过》，载何勤华、魏琼编《董康法学文集》，中国政法大学出版社 2005 年版，第 460—461 页。

❸ 有关晚清满汉关系及满汉权力斗争的论述请参见［美］路康乐：《满与汉——清末民初的族群关系与政治权力（1861—1928）》，中国人民大学出版社 2010 年版。

著内外各衙门各抒所见。将切实办法，妥议具奏。即予施行。"此诏书的关键词就是"化除满汉畛域"，实现"民族平等"，而各地官员和士绅也在诏书颁发后积极向清廷呈上自己的建议和意见。❶ 关于化除满汉畛域的具体措施，官绅奏议提到了很多建议，有裁驻防，改旗籍，筹划八旗生计，不分满汉官缺，满汉法律和礼制同一等。❷

实施宪政的核心问题是要变专制政体为民主政体，就要以西方的宪政理论中的"权利意识""平等思想"为标准，去衡量和改革显失平等和公正的制度，清朝的政治和法律制度中满汉之间存在的权利义务不平等的各项规定明显不符合这些宪政思想和原则，需要对其进行变革和删除。❸ 同时，晚清立宪也激发了国民观念的产生，例如地方大员程德全在其奏折中说道："盖立宪政体，向无种族之别，拟明诏海内，自今后无论满人、汉人，皆一律称为国民，不得仍存满汉名目，先化畛域之名，自足渐消相斫之祸。"❹ 从旗民之别到国民一体，旗民之间在身份认同上要消除区别，那么在财产权利上旗民之间也应该消除区别，旗民交产就应听其自便，不应设置藩篱。

民族国家不同于传统王朝，传统王朝可以对国内不同的群体作出多元性的差异化权利安排，民族国家的基本特征之一是国内所有成员具有相同的法律权利与义务。❺ 清末民初宪政运动促使社会主流的民族观发生了较大变化，即从古代统治阶级主要从对少数民族进行统治的不平等民族观发展到化除满汉畛域，各民族在法律上一律

---

❶ 在故宫博物院1979年所编的《清末筹备立宪档案史料》一书中的"满汉关系"一节中就收录了一些当时上至朝廷要员下至基层士绅的奏议。参见故宫博物院明清档案部编：《清末筹备立宪档案史料》，中华书局1979年版。

❷ 李细珠：《清末预备立宪时期的平满汉畛域思想与满汉政策的新变化——以光绪三十三年之满汉问题奏议为中心的探讨》，载《民族研究》2011年第3期，第41—42页。

❸ 苏钦：《清末预备立宪活动中"化除满汉畛域"初探》，载《法律文化研究》（第二辑），中国人民大学出版社2006年，第74—89页。

❹ 怀效锋主编，李俊等点校：《清末法制变革史料（上卷）》，中国政法大学出版社2010年版，第68页。

❺ Anthony. D. Smith, *National Identity*, University of Nevada press, 1993, p. 14.

平等，而且这种民族观的改变已逐渐由思想观念的转变发展为法律制度层面的变革。❶ 因此在宪政的框架下，民族平等是宪政倡导者所殷切希望的，种族偏见理应消除，满汉旗民要有平等之地位。沈家本就可能是在这种观念的影响下提出了《变通旗民交产旧制折》等一系列化除满汉畛域的重要奏折，其在《删除奴婢律例议》中就说："方今朝廷颁行宪法，叠奉谕旨，不啻三令五申。凡与宪法有密切关系者，尤不可不及时通变。"❷ 满汉之间涉及宪法上的法律平等问题，各民族平等是施行宪政的应有之义，因此在沈家本看来清末化除"满汉珍域"的活动，是清末预备立宪的主要内容之一，是仿外国行君主立宪政体的必然要求，故应及时变通"满汉异法"的旧制。

### （二）法律变革：从"满汉异法"到"满汉一法"

化除满汉畛域体现在立法领域包括两个方面，即消除刑法中关于满汉同罪异罚的规定和消除民法中关于满汉交产和满汉通婚的禁止性规定，❸ 简而言之就是"满汉一法"，时任四川地方道员的熊希龄在1907年9月15日向清廷上的奏折中就提到"满汉一法"的问题："美集多数种族以建共和政体，而耦俱无猜，民皆勒利者，法得其平也。俄合数种族以成专制国家，而人心携贰，叛乱时闻者，法不得其平也。夫法也者，所以齐不一而使之一也，必令一国人民无论何族均受治于同等法制之下，权利义务悉合其宜，自无内讧之患。"❹ 熊氏以现实举例，主张以立法来解决民族问题，中国就要效

---

❶ 方慧：《略论我国近代宪政运动中的民族观》，载《法律文化研究》（第一辑），中国人民大学出版社2005年版，第163—164页。
❷ 《删除奴婢律例议》，载［清］沈家本撰，邓经元、骈宇骞点校：《历代刑法考》（第四册），中华书局1985年版，第2043—2047页。
❸ 关于清代满汉通婚的法律政策，也同旗民交产的问题类似，经历反复变更之后最终废止，相关讨论请参见邱唐：《旗民不婚？——清代族群通婚的法律规范、实践与意识》，载《清华法学》2016年第1期，第192页。
❹ 《为化除满汉畛域敬陈管见恳请代奏折》，载周秋光编：《熊希龄集》（第一册），湖南人民出版社2008年版，第294—298页。

仿美国那样仿行宪政、法律面前各民族平等，从而实现"法得其平"，而不能像俄国的专制国家那样在法律上厚此薄彼，导致人心散离，社会动乱的悲惨后果。

于是，在清廷推动"满汉一法"政策的指引下，同时也在"调和满汉"和"民族平等"意识的促动下，沈家本于1907年8月向清廷呈上《旗人遣军流徒各罪照民人实行发配折》，针对旗人犯军流徒免发遣，折成枷号替代的原有刑事立法，提出"嗣后旗人犯遣军流徒各罪，照民人一体同科，实行发配。"❶ 紧接着在同年12月，沈家本与俞廉三作为两位修订法律大臣联合向清廷呈上《修订法律大臣遵议满汉通行刑律折》，该折中写道："方今中外交通，法律思想日趋新异，倘仍执旧律，划分满汉之界，不惟启外人轻视之心，尤与立宪前途诸多阻碍……"沈家本分析满汉异法的历史与现状后，提出："嗣后旗人犯罪，俱照民人各本律、本例科断，概归各级审判厅审理。"❷ 针对律例中旗人犯罪免发遣而折枷之制、满汉罪名畸轻畸重及刑罚殊异之处，通过删除、移改、修并等方法，修订相关律例总计五十条。前两个奏折是刑法领域，而第三个奏折民法领域的《变通旗民交产旧制折》也是在同日上奏清廷的，这三个奏折共同组成沈家本为化除"满汉畛域"而提出的涉及刑民两大法律体系的综合变革方案。最终奏折也被清廷顺利批准采纳，从制度层面实现"满汉一法"的理想状态。

## 五、结语

一言以蔽之，清代旗产的法律规制体现国家制定法与民间不成文习惯的冲突与融合。清代统治者为保护旗人利益而禁止旗民交产，

---

❶ 《旗人遣军流徒各罪照民人实行发配折》，载［清］沈家本撰，邓经元、骈宇骞点校：《历代刑法考》（第四册），中华书局1985年版，第2031—2033页。

❷ 《修订法律大臣等奏遵议满汉通行刑律折》，载《北洋法政学报》1908年第55期，第1—7页。

制定禁止性规范，设置制度性藩篱，但是国家法与民间习惯并不一致，制定法并不能对民间习惯起到强大的支配作用。在清代民间法律实践中，时间越往后，"旗民交产"的现象就越频繁，旗产制度逐渐名存实亡，满汉界限在民事交易中趋于消弭，而国家立法层面禁止旗民交产的例文已成具文。旗民交产在民间的盛行，形成一种生命力强大的习惯，导致国家在利益衡量中多次变更法律规制，时而维护固有旗产制度，时而又向民间习惯让步，禁而又开，开而复禁，反复多次，法律规范的稳定性在民间习惯面前显得不堪一击。更何况，旗产这种民间习惯生命力之顽强并没有随着政权鼎革而烟消云散，甚至遗留至民国时代，民国法律实践也一度承认并保护旗产，随后因时局动荡和政策变化，旗产才逐渐退出历史舞台。

在晚清法律转型中，禁止旗民交产的法律政策遇到实行宪政、调和满汉的政治契机而终被废止，旗民交产在法律规范层面才被彻底放开，但此时距清廷倾覆也为时不远。在此过程中，沈家本作为修订法律大臣发挥了关键性作用，沈氏是学者也是政客，他将自己的"法律救国"理念与修律事业相结合，正如法史学者黄源盛先生所说："沈家本是晚清变法修律活动的主导者，在旧律的改造和新律的创制上，都立下了深刻非凡的业绩。"[1]《变通旗民交产旧制折》仅仅是其《寄簃文存》中收录涉及清末法制变革的众多奏折的一篇，但管中窥豹，透过沈家本的只言片语，我们可以探知有清一代"旗产"制度之历史变迁与法律规制以及沈家本学术思想的局部图景，也能从中看到清朝的旗产、习惯、律例、满汉等诸多历史与法律的面相。

---

[1] 黄源盛：《中国法史导论》，广西师范大学出版社2014年版，第397页。

# The Historical Changes and Legal Regulation of Banner People's Estate from Qing Dynasty to the Republic of China
—Starting from < Reform the Old Law about the Transaction of Banner People's Estate >

Zhai Jiajun

**Abstract**: Under the wave of legal change in the late Qing Dynasty, serve as the law minister while taking charge of revising law, Shen jiaben submitted a report named < reform the old law about the transaction of banner people's estate > to the Qing government. This report reflected three aspects of legal history, which were the banner people's estate, the "lv" and "li" in the legal system of the Qing Dynasty and the relationship between Manchu and Han nationality. First of all, from the perspective of historical changes, the law of banner people's estate in the Qing Dynasty went through a complex process which was forbidden in the beginning and open later, while open again and forbidden once more, until the the late Qing period the injunction was abolished ultimately. However, the banner people's estate was still widespread during the Period of the Republic of China, thus the court of the Republic of China applied legal protection on the banner people's estate in judicial practice. In the next place, From the perspective of legal regulation, the law about the banner people's estate was gradually becoming dead rules lack of flexibility. The phenomenon that "Great Qing Legal Code" and "the Statutes of Hubu" had a paradoxical regulation about the banner people's estate implied the Formality and substantiality of the relationship between the "lv" and "li". At last, from the concept of law and administration, this report embodied Shen Jiaben's legal consciousness of eliminating the Man – Han distinction under the constitutional framework of national state.

**Key Words**: Shen Jiaben; Banner People's Estate; Custom; Manchu and Han Nationality

# 以时间利益分配为核心的税法时间研究综述

赵菁[*]

**内容摘要**：时间与税收法治、税制改革密切相关。对选择微小而不失重要性的税法时间进行研究，既是对税法基础理论的承继与深入，亦是对税法总则立法中关键要素的整体性考量，同时也是对税收征纳中集中爆发的程序争议的合理性回应。遵循税法时间"类型论—分配论—制度论—立法论"这样一个从具体到综合、再由综合到具体的思路展开。对我国税法时间的相关研究成果进行梳理可以发现，现有学者已经意识到时间对税法理论、税法制度、税收立法的重要性，但仍然缺乏系统性的研究。现有研究成果呈现出重程序而轻实体、强调就事论事而缺乏整体思维，重制度建构而轻理论探讨的特点。因此，下一步税法时间的研究有必要秉持系统性、全面性、理论性的研究面向，围绕税法时间利益分配，对现有研究进行深入和拓展，以期发现真问题、发掘规律性结论、发掘体系化思路。

**关键词**：税法时间　时间利益　类型化　税收立法　税法制度

---

[*] 赵菁，辽宁大学博士研究生，研究方向，财税法。

## 一、研究背景

早期基督教思想家奥古斯丁在他的《忏悔录》中留下传世之句："时间是什么？没人问我，我很清楚；一旦问起，我便茫然。"❶ 时间问题的疑惑由来已久。二十世纪中后期以来，受现代科学和科学哲学在时间概念上两次重大变革的影响，越来越多的社会科学学者对时间问题十分关注，相继产生了时间经济学、时间文化学、时间心理学、时间社会学等不同领域研究时间运动规律的交叉学科。在法学领域，我国法理学者首先关注到了时间维度在法律中的重要地位，如姚建宗（2003）提出的"多重维度法治观"❷，以及吴经熊（2005）提出的"法律三度论"❸，最早将时间维度引入到法学研究中。在此基础上，学者主要从时间与法律规范的对象密切相关、时间亦为法律规范的对象、时间是法律存续的基本维度以及时间本身的规范性等方面进行证成。❹ 时间维度在法律中的引入，对于法学研究而言，无论是从宏观层面的时间观，还是具体法律规范的内容，以及法律规范本身，都有重要的价值意义和工具意义。此后，其他部门法、领域法也对时间概念作了进一步延展。

事实上，在宏观和微观的视角中，时间都与税收法治、税制改革密切相关——作为基本"幕布"的时间，是税制改革和税收法治

---

❶ ［古罗马］奥古斯丁：《忏悔录》，周士良译，商务印书馆1997年版，第242页。
❷ 姚建宗：《法治的生态环境》，山东人民出版社2003年版，导言第1—16页、第186页。
❸ 吴经熊：《法律哲学研究》，清华大学出版社2005年版，第16—17页。
❹ 前引❷，姚建宗书，第188—189页、第195页；前引❸，吴经熊书，第17—18页；吴国盛：《现代化之忧思》，生活·读书·新知三联书店1999年版，第126—139页；熊赖虎：《时间观与法律》，载《中外法学》2011年第4期，第681—694页；张晓阳：《民法上的时间——以权利为核心的研究》，吉林大学博士学位论文，2008年，第27—30页；喻中：《法律与时间》，载《博览群书》2008年第5期，第7—13页；方潇：《革命与承袭：中国传统历法的近代转型》，载《华东政法大学学报》2014年第3期，第76—87页；瞿同祖：《中国法律与中国社会》，中华书局1981年版，第262—263页。

的标尺；作为基本"要素"的时间，是税收制度、税法规范的内容。因此，从理论研究的视角考量，在卷帙浩繁的税法理论积累基础上，选择微小而不失重要性的税法时间进行研究，既是承继财税法学研究成果，亦是对财税法学研究的深入。从税收立法的视角考量，税法总则的制定需要对税法时间的具体制度进行一个整体性理论建构。税法时间的研究，正是以统合的视角，希望能"以问题为线索来确定、串联起各个范畴"，为税收立法提供支持。从税收法治视角考量，对税法时间的研究也是对税收征纳争议中集中爆发的程序问题的一个回应。

对税法时间的研究，首先是一个从具体到类型化的过程，也即税法时间类型论，这是税法时间利益分配的工具和对象；其次，对税法时间的研究，是在类型化的基础上以理论指导下的分配，也即税法时间分配论；最后，对税法时间利益的研究，必须落实在现行制度和现行立法上，以使本研究回应实践争议、引导制度建构，并以实践作为理论合理性的印证。遵循这一逻辑，笔者将现有研究成果以"类型论—分配论—制度论—立法论"的思路进行梳理，从具体到综合，再由综合发散至具体，以求实现理论与实践的相互关照。

## 二、研究基础：税法时间类型论

"类型化"本身即为税法研究的一种方法，而时间因素在类型化中同样具有重要地位。"在类型的构成上，类型固有其共同特征，但这些特征在属于该类型之物或事务上的表现不仅在有无，而且在程度上皆不尽一致，所以物或事务在类型之归属上必须就其特征整体观察，不得执于一端。不论是其演变的观察或规范规划皆必须加入时间因素，认识其历史性及其发展的辩证性格，注意其积极与消极因素在作用上的消长变化。"[5] 然而，在现有涉及税法时间的研究成

---

[5] 黄茂荣：《法学方法与现代税法》，北京大学出版社2011年版，第126页。

果中，多数学者是从具体制度的角度进行探讨，税法时间类型化的分析偏少。已有研究中，主要有下列两种类型化成果。

（一）循环时间观与线性时间观下的税法时间

循环时间观和线性时间观对税法也有影响。熊赖虎（2011）认为，古代法律中，关于税收的规范隐藏着循环时间观预设。税基与税率的确定，一般都是主权者单方意志，臣民只有服从的义务，而不会享有基于该义务的实质性权利。因此，税收的量取决于主权者的需求，臣民并不具有议价的资格与渠道。主权者总是根据臣民可以承受的最大负担来征税。尽管有远见的主权者在设计税赋时会纳入时间因素，采用跨时期最大征收额，但仍掩饰不了税赋本质上的命令属性。将税收当作一种命令，或者说是不需要提供"服务"对价的权力，是主权者"成王败寇"思想的必然结果。而在线性时间观影响下，私权利和公权力的地位发生了变化，由此真正意义上的税法应运而生。现代法律中的税收具有契约或者投资性质。税收的起点或范围超越于公民的基本生活水准，只够维持基本生活的收入是不具有投资正当性的，也是不应纳税的。税基和税率的确定权转交到了由纳税人代表组成的议会手中。时间因素在税法中的介入有两种路径：税收必须在一定期间内计算并适时调整；税收必须考虑人的生命周期，进行跨时期计算。时间的这种介入透露出来的是线性时间观的即时化和个体化倾向。另外，在古代法律中，税赋的承担者主要是家族或者家庭。而到了现代法律体系下，个人已经明确地作为了税收负担的直接主体。[6]

（二）确定型纳税义务与争议型纳税义务中的时间

陈子龙（2018）结合广州德发案的判决结果，提出了确定型纳税义务与争议型纳税义务中的纳税义务发生时间的区分。他认为最

---

[6] 前引❶，熊赖虎文。

高人民法院关于德发案的再审行政判决颠覆了我们过去对纳税义务发生时间的理解,即同一项经济业务纳税义务发生的时间只能有一个,不能是多个。现行税法中没有以税务机关核定税款之日为纳税义务发生时间的规定。德发案的判决,给核定课税的纳税义务发生时间作了一个示例,肯定了争议型纳税义务的存在。进言之,确定型纳税义务是指通过纳税人自主申报,或者经税务机关确认的明确的纳税义务;争议型纳税义务则是纳税人未依法申报或少申报的潜在纳税义务,这种纳税义务可能因纳税人自查自纠、税务机关纳税评估或税务检查而浮出水面。[7] 另外,部分学者虽没有提及这两个概念,但表达了类似的思想。如黎东、周建鹏(2016)文中提及"只有当纳税人逾期申报时,才会出现法定缴纳期限后才确定数额的税款,这种确定税额的方式就是税务机关的课税核定"。此即区分了法定纳税期限与税收核定中的纳税期限。"此时,法定纳税期限则依法转换为更正通知书,决定通知书或者税务事项通知书的送达日。纳税人缴纳税款的法定期限由于纳税人的逾期缴纳或者逃避缴纳而转换为税务机关按照法规、行政法规的规定限期责令缴纳的另一个法定期限。"[8]

## 三、研究重点:税法时间分配论

税法时间研究以时间利益分配为核心。因此,税法时间类型化只是研究的起点、对象和工具,而其根本的分析思路还必须建基于财税法基础理论的构造性形塑,即承继和深入挖掘现有理论中的税法时间分配逻辑。梳理我国现有研究成果中的相关内容,理论层面对税法时间分配作出论述的内容包括:(1)税法基本原则与税法时

---

[7] 陈子龙:《由最高人民法院德发案再审判决引发的纳税义务思考》,载《税务研究》2018年第4期,第73—77页。

[8] 黎东、周建鹏:《税收优先权优在何时》,载《经济研究参考》2016年第29期,第64—65页。

间;(2)税收法律关系的性质与税法时间。

## (一)税法基本原则与时间

### 1. 税收法定原则与时间

学界近年来对税收法定原则进行了大量研究,并取得了丰硕的成果,在其起源、内容等方面基本取得共识。普遍认为,税收法定原则可追溯至1215年《大宪章》,明确"不同意不征税",确立了对征税权的根本限制。其具体内容包括:税收要素法定原则、税收要素明确原则、征税程序合法性原则。税收法定原则以其深厚的内涵,具有长久的生命力,学者们始终在围绕着税收法治目标与现实为其添加新注释。其中与时间相关的研究包括:

(1)税收动态法定。税收动态法定是对税收法定原则在时间上进行的"变通"。邢会强(2008)认为,税收法定原则并不是一个僵化的理论,它的实质内核是稳定不变的,但是具体内容却是随实践不断变化的。由此,他提出了"税收动态法定"概念,以期扩展税收法定原则,对现实需求提供理论支持。实际上,税收法定主义自其孕育、出生到成熟、发展,就是一个不断变化的过程。❾

(2)税收同意权的时间保障。税收法定原则的根本和核心始终在于税收同意权的保障,这也是税收法定原则确立最初所体现的直接要求。而这一要求事实上也同样与时间密切相关,如刘剑文、候卓(2012)提出税收同意权行使必须有一定的时间保障,否则就会流于形式,成为权力所操控的对象。这不仅涉及直接民主中的税收立法公开征求意见、公开听证的时间及次数,同时也涉及在间接民主中审议税法草案的时间要求。❿

---

❾ 邢会强:《论税收动态法定原则》,载《税务研究》2008年第8期,第61—64页。

❿ 刘剑文、候卓:《税收立法民意吸纳机制的重构》,载《江淮论坛》2012年第3期,第124—131页、第193页。

## 2. 税收公平原则与时间

税收公平原则是几百年来税收、税法理论探讨的最重要的问题之一。从 17 世纪威廉·配第的税收三原则、尤斯蒂提出的六大税收原则到亚当·斯密提出的四大课税原则，都将税收公平原则列入重要位置。进入 20 世纪 90 年代，我国财税法学者借鉴和参考西方经济学理论，开始对包括税收公平原则在内的税法基本原则进行研究，不断丰富其内涵。由此，西方经济学的税收公平原则实现了从"税负公平原则"到税收平等原则的演变。进言之，税收公平原则本身就是一个随时间不断发展的理论。

在具体内容上，税收公平原则与时间的关系，首先表现在税收征管上对不同纳税人的时间要求应当同等对待，如陈清秀（2019）以欠税的分期付款缴纳、欠税强制执行的停止或撤回等有关纳税人利益的权限的行使为例，强调"在相同的情况下而为不同处理的差别待遇时，即违反了平等处理的原则"[11]。此外，陈少英（2008）将税收公平原则区分为代内分配公平和代际分配公平，也是从时间维度对税收公平原则进行了延展。[12] 一般而言，讨论代际正义最多的是环境资源领域学者。对此，秦勇（2013）指出，实际上，代际分配正义不仅涉及自然环境和资源问题，同时还涉及基因资源的保持和安全、文化和非物质文化遗产保持、政府财政等方面的问题。[13]

## 3. 税收效率原则与时间

一般意义上，税收效率原则要求以最小的费用获取最大的税收收入，并利用税收的经济调控作用最大限度地促进经济发展或减轻税收对经济的妨碍，也即行政效率和经济效率。税收行政效率可以从征税费用和纳税费用两方面来考察，前者是指税务部门在征税过

---

[11] 陈清秀：《税法总论》，法律出版社 2019 年版，第 58 页。
[12] 陈少英：《生态税法论》，北京大学出版社 2008 年版，第 140—151 页。
[13] 秦勇：《分配正义："土地财政"法律制度改革的目标》，载《法学论坛》2013 年第 5 期，第 42—50 页。

程中发生的各种费用，后者则是纳税人依法办理纳税事务发生的费用。无论是征税费用还是纳税费用，时间都是学者普遍认同的关键因素。⑭ 体现在制度上，如为了提高税收征收效率而进行的税收和解，以及"放管服"中采取措施简化税收流程，为纳税人有效缩减办税时间等。⑮

4. 税收诚信原则与时间

伴随市场经济的发展，特别是社会民主进程的加快，民法上的诚实信用原则的适用范围逐步扩大。目前，世界上一些国家和地区，如日本、德国和我国台湾地区，都在税法理论或税法实践中采纳了诚实信用原则。具体而言，税收诚信原则的适用主要强调对纳税人信赖利益的保护，这在新旧法的衔接、新法的溯及力方面有一定的讨论。如陈少英（2015）认为，我国企业所得税法上给予外资企业一定的税收优惠措施，属于典型的授益性税务行政行为。在取消上述优惠时，明确给外资企业 5 年过渡期以保护纳税人信赖利益，具有重大的理论意义。⑯

## （二）税收法律关系性质论与时间

关于税法时间研究最重要的起点是税收法律关系的性质——传统的税收权力关系说和税收债务关系说之争，即纳税义务是必须经行政机关的确认后成立，还是从满足税收构成要件时成立。从实践上看，税法适用溯及既往、税收债务责任发生、纳税期间确定、破产重整中清偿方式、税收征收措施合法性等，都与税收债务是否发

---

⑭ 叶姗：《中国税收征管法的重塑与再造》，载《中国法律评论》2018 年第 6 期，第 26—34 页；田依灵：《我国国地税机构合并的战略安排》，载《财会信报》2015 年 3 月 2 日，第 B04 版。

⑮ 葛玉御：《税收"放管服"改善营商环境的路径研究》，载《税务研究》2017 年第 11 期，第 32—36 页。

⑯ 陈少英：《税法基本理论专题研究》，北京大学出版社 2009 年版，第 86—117 页。

生、何时发生息息相关。❶ 因此，税收法律关系的性质，对税法时间的影响是根本的。对此争论的研究可谓卷帙浩繁，无论争议起源的德国学者，抑或是以金子宏、北野弘久等学者为代表的日本学者，还是在此影响下的我国学者，都对此进行了详细阐释。目前，税收债权债务关系说已然成为了学界通说。

除上述争议外，税收债务关系说的提出和普及本身，对税法理论、实践就具有显著影响。详言之，税收债权债务关系说为税法理论与实践提供了新的路径，逐步拓宽在税法研究中引入民法学研究成果的路径。如刘剑文、熊伟（2004）将税收债务关系作为贯穿始终的逻辑主线，从税收之债的发生、变更、溯及调整、消灭、扩张等税收实体法问题，结合包括诉讼时效、除斥期间等民法理论作了详尽论述。❶

## 四、研究落脚点一：税法时间制度论

税法时间利益的分配，始终体现为具体制度上的分配。一般而言，税法实体制度和税法程序制度是对税法制度最为基本的分类方式。前者涉及税收征管过程中征纳双方的实体权利义务，后者涉及税收征管过程中的征收管理程序。从这两个视角分别切入，现有研究中关于时间的成果如下。

### （一）税法实体制度

从现有研究成果来看，时间因素成为税法实体制度中的一个"影响因子"，仅在学者论述中有提及，但并没有系统阐释，包括：就纳税主体而言，施正文（2011）指出，正如时间在民事主体行为能力和权利能力的关键地位，税法主体的确定亦受到了时间影响，

---

❶ 刘剑文、熊伟：《税法基础理论》，北京大学出版社2004年版，第189页。
❶ 前引❶，刘剑文、熊伟书，第189—344页。

如对居民纳税人与非居民纳税人的区分标准中,居住时间即为重要的因素。[19]就征税对象而言,罗亚仓(2019)认为,在现实生活中,由于税法规范对象的复杂性和纳税人避税活动的影响,如何确定税收客体归属并不是一件易事。出于征税时间成本考量,对征税对象的确定往往会结合所有权及其他权利。[20]就税率而言,杜钢建(2019)指出,古代对税收构成要件中的年份收成问题给予高度关注。根据丰收年、歉收年、灾害年,或者上等年份、中等年份和下等年份的不同,在确定不同年份的税率时会区别对待,即年份收益结构要素。针对不同年份收益情况确定某些税收项目有关的税收政策,需要在借鉴古代税收经验的基础上,结合当代税收法律和政策进一步深入与细化。[21]就计税依据而言,目前我国税法相关规定有:收入确认及费用扣除的规定、销售额确定的规定、不动产交易增值额计算的规定等。这些因素的确定都与时间密切相关。如朱炎生、向东(2013)认为,房产具有耐用性,使用期限长,其经济价值会随着时间的变化而变动,因此,确定房产的经济价值应当依据房产在纳税当期的评估价值。[22]关于税收优惠和时间结合主要有两方面:第一,规定税收优惠的时限;第二,通过推迟纳税时间使纳税人享受时间利益。如有学者认为,对公益信托所得采取"所得实现时课税"例外;再如个人税收递延型养老保险。[23]

## (二)税法程序制度

税法程序制度中的时间概念相对较多,主要包括纳税义务发生

---

[19] 施正文:《分配正义与个人所得税法改革》,载《中国法学》2011年第5期,第32—43页。

[20] 罗亚仓:《税收构成要件论》,法律出版社2019年版,第141—160页。

[21] 前引[20],罗亚仓书,序三,第2—3页。

[22] 朱炎生、向东:《房地产税制改革立法探析》,载《理论参考》2013年第10期,第40—43页。

[23] 刘继虎:《信托所得课税的法理与制度研究》,中南大学博士学位论文,2012年,第173—175页;黄万鹏:《推进个人税收递延型养老保险 助力多层次养老保障体系建设》,载《宏观经济管理》2019年第6期,第18—24页。

时间、纳税期限、征税周期、退税及追征、补征期限。从现有研究成果来看，税法程序上的时间概念混同、标准不一，研究思路上强调具体问题上的具体分析，缺乏一以贯之的分析逻辑。

1. 纳税义务发生时间

纳税义务发生时间，依其字义理解，即纳税人发生应税行为、应当承担纳税义务的起始时间。纳税义务发生时间和税收债权债务关系说联系密切，也因此和税收之债成立时间有所混淆。很多学者都是从税收之债的角度来论证纳税义务发生时间，不过大多数学者也承认，纳税义务发生时间的确定有别于税收之债。如施正文（2008）认为，法定税收构成要件事实实现时，税收之债即告成立。不过，由于可依据征收频率将税分为临时税和期间税，因此纳税义务发生时间又有不同。[24] 陈少英（2013）认为，以税收要件满足作为税收债务产生条件和成立时间的判断标准是理论的一般要求。但实践中经常会结合税基确定、征纳技术及效率等因素有所变通。[25] 刘剑文、熊伟（2004）认为，税收债务发生时间并非一个单独的构成要件要素，仅为从时间角度对税收客体的补充。与其说是税收债务发生时间，不如说是确定税基的时间。[26]

在具体制度上，由于纳税义务发生时间与纳税人会计记账的联系密切，再加上部分规定类似，因此纳税义务发生时间与会计上的权责发生制和收付实现制的联系一直是部分学者关注的焦点。基于企业所得税中明确规定了"权责发生制"，因此部分学者从所得税角度进行探讨；[27] 部分学者则聚焦流转税并形成三种观点：混合制[28]、

---

[24] 施正文：《税收债法论》，中国政法大学出版社2008年版，第142页。
[25] 陈少英：《税收债法制度专题研究》，北京大学出版社2013年版，第24页。
[26] 前引[17]，刘剑文、熊伟书，第204页。
[27] 前引[23]，刘继虎文。
[28] 司言武：《完善流转税纳税义务发生时间的确定基础》，载《经济论坛》2013年第7期，第103—106页、第123页。

权责发生制[29]、收付实现制[30]。

此外,部分学者探讨了具体税种的纳税义务发生时间,如流转税[31]、契税[32]、城镇土地使用税[33]、所得税[34]等。这些讨论主要聚焦于:(1)交易方式(包括收款方式和发货方式)是否应当影响债之法律关系成立的时间;(2)税法究竟是对债权行为课征税收还是对物权行为课征税收,于税收之债发生时间有不同的影响,进而影响到纳税义务发生时间的确定。

2. 纳税期限和征税周期

尽管纳税期限已经成为最基本的税法概念,但事实上大多数学者对此概念的理解偏差很大,主要表现为纳税期限和相关概念的混同,导致对纳税期限的定义看似明确实则不同。普遍认同的是,纳税期限和纳税义务发生时间不同。[35]此外,和纳税期限相关的概念包括:纳税时间、申报期限、缴纳期限、纳税缴库期、纳税结算期等。通过比较不同学者的论述发现,从范围上来看,纳税期限可能会包含上述概念的一种或几种。[36]尽管纳税期限的概念不一,但学者对纳

---

[29] 王德发:《权责发生制下纳税义务发生时间探讨》,载《湖北财税》1999年第7期,第36页。

[30] 杨孟著:《增值税纳税义务发生时间确认原则刍议》,载《税务与经济》1997年第1期,第6—8页。

[31] 王仲礼:《论纳税义务发生时间》,载《税务研究》1994年第7期,第31—32页;张晓华:《对增值税纳税义务发生时间规定的看法》,载《财会月刊》2017年第19期,第59—62页;池贤福:《需安装和验收商品销售的纳税义务发生时间的确认》,载《税务研究》2004年第3期,第79页。

[32] 如罗亚苍:《契税纳税义务发生时间的确认与立法完善》,载《税务研究》2015年第2期,第104—106页;王周飞、朱桂江:《浅析房屋权属转移契税纳税义务的发生时间》,载《涉外税务》2010年第12期,第70—71页;陈思融:《商品房权属转移契税纳税义务的发生时间再考量》,载《税收经济研究》2013年第5期,第87—90页。

[33] 朱冬:《如何确定城镇土地使用税纳税义务发生时间》,载《中国税务报》2016年3月11日。

[34] 前引[23],刘继虎文。

[35] 如张守文:《税法原理》(第3版),北京大学出版社2004年版,第49页。

[36] 刘剑文:《财税法——原理、案例与材料》(第4版),北京大学出版社2020年版,第214页;陈少英:《税法学》(第3版),格致出版社2020年版。

税期限确定因素却有很多共识。也即认为纳税期限的规定是一场利益衡量,是以平衡征纳关系、节约征税成本为原则,综合征管各方因素得出的结论。[37]

与之混用的另一个概念是纳税周期,学者对此研究成果很少,一般都赋予其不同的内涵体现在各类教材中。有学者直接将其与纳税期限混为一谈,大多数学者则将所得税征收的周期作为纳税周期,并在2018年个人所得税改革将综合所得改为按年征收前后,引起了讨论的"小波澜"。比如有学者认为,按年征税有利于更加全面真实地反映纳税人的经济状况。而采用按月代扣代缴的方式有诸多缺陷,如税收不公平、为偷税漏税行为提供了动机等。[38]

3. 退税及追征、补征期限

我国《税收征收管理法》规定了退税和补征、追征的期限。实践中,退税期限比较容易发生争议的是,税收返还请求权究竟是从错误缴纳税款之日起发生,还是从税务机关撤销或废弃税收核定之日起发生,或是从税务机关作出退税决定之日起发生,这关系到税法和行政法的一些基础理论问题。对此,刘剑文、熊伟(2004)结合民法理论作了相对较为细致的论述。[39] 除此之外,这一问题在理论上的探讨相对较浅显,主要还是着重于就事论事的案例研讨和法教义学分析,缺乏理论深度。

除上述税法程序时间以外,部分学者也对税收优先权[40]、税收救

---

[37] 如陈少英、赵菁:《非货币性资产出资所得税纳税期限探究》,载《会计之友》2019年第5期,第55—59页。

[38] 张敬石、胡雍:《美国个人所得税制度及对我国的启示》,载《税务与经济》2016年第1期,第97—102页;滕风华:《完善工资薪金个人所得税纳税期限研究》,载《中国财政》2016年第21期,第54—56页。

[39] 前引[17],刘剑文、熊伟书,第321—344页。

[40] 前引[3],黎东、周建鹏文。

济⑪、税务行政处罚听证程序中的三日申请期限⑫、税务执法说明理由的时间⑬等时间问题作了探讨。

## 五、研究落脚点二：税法时间立法论

自党的十八届三中全会提出"落实税收法定原则"后，我国税收立法正在稳步推进。税法时间的分配，最终要体现在制度上，在税收法治国家更应当体现在税收立法上。就税收立法而言，与时间相关的研究包括：

### （一）税收法律保留范围与时间

尽管税收法定原则的基本内容已经达成共识，但对于什么要素应当法定，尤其是程序上的要素，一直都处于模糊状态。目前讨论比较多的两个要素是纳税义务发生时间和纳税期限。就纳税义务发生时间而言，我国税法未进行统一规定，而在不同实体税法中作了具体规定，缺乏立法所应有的体系性和逻辑性。对此，肯定说如罗亚苍（2015）认为，纳税人何时负担税收之债应属法律保留的范畴。⑭否定说如王世涛（2007）则认为，税收法定的法律保留范围包括税收基本要素，而税收非基本要素——纳税义务发生时间、纳税期限、纳税地点等可授权行政机关规定。⑮就纳税期限而言，也有"肯定说"和"否定说"的区分。肯定说如翁武耀（2017）认为纳

---

⑪ 赵书博、王秀哲、曹越：《我国激励企业创新的税收政策研究》，载《税务研究》2019年第8期，第20—26页。

⑫ 刘运毛、方红丽、卜丽慧：《浅析税务行政处罚听证程序中的三日申请期限》，载《税务研究》2019年第9期，第50—56页。

⑬ 李亚松：《税务执法说明理由制度的现状与构建》，载《税务研究》2019年第8期，第67—72页。

⑭ 前引⑫，罗亚苍文。

⑮ 王世涛：《公平与法定：宪政意义上的税收原则》，载《江苏行政学院学报》2007年第4期，第106—109页、第114页。

税期限是纳税人和国家的税收利益在时间上的分配,纳税期限需要纳入法治化轨道。⑯ 否定说,如上文提及的王世涛(2007)。

(二) 税收立法技术与时间

税收立法技术可以很好地弥合税收法律规定和实践之间的"时间差"。现有研究中涉及的成果主要包括:(1) 税法要素指数性。这一点在个人所得税中讨论较多,如朱羿锟(2014)认为,未来个人所得税要推广税收指数化、建立弹性税制,以使税法的规范适应社会经济的高速发展。⑰ (2) 过渡条款设置。目前,在我国现行法中,只有《企业所得税法》对过渡条款作了规定。黄茂荣(2011)认为,原则上并不认为税收优惠规定的废止或变更会损害纳税人信赖利益。但当税收优惠的废止或变更显然会导致纳税义务人调适困难时,应依比例原则安排渐进的过渡规定。⑱

(三) 正式立法与暂行立法

"法律必须是稳定的,但不可一成不变。"⑲ 除了税收立法技术可以很好地弥合税收法律规定和实践之间的"时间差"外,在我国税收立法实践中还存在另外一种解决方法,即暂行立法。胡弘弘、靳海婷(2019)指出,暂行立法是以立法主体、立法程序及立法时效三个参数组成的特殊立法形式,发挥着过渡性、探索性、试验性的作用。然而当前,暂行立法主体偏地方性和行政性;暂行立法程序面临立法依据、立法理由及原则表决意涵的不确定等问题;暂行立法时间效力上,仍存在生效时间规定模糊与失效时间不明的现象。

---

⑯ 翁武耀:《再论税收法定原则及其在我国的落实》,载《交大法学》2017 年第 1 期,第 121—142 页。

⑰ 朱羿锟:《收入分配改革与高管薪酬税收调节机制探析》,载《暨南学报》2014 年第 3 期,第 25—34 页、第 162 页。

⑱ 前引❺,黄茂荣书,第 154 页。

⑲ [美] E. 博登海默:《法理学、法哲学与法律方法》,邓正来译,中国政法大学出版社 1999 年版,第 325 页。

就税法而言，创制性立法的特点在于创立新的制度或者新的权利义务关系，此创新幅度足以影响法律秩序的统一，自然需要以暂行立法形式缓解对法律体系的冲突。[50]

（四）税收立法的时间效力

一般而言，税收立法的时间效力涉及三方面。

1. 税收立法的生效时间

我国税法从何时开始实施有以下两种情况：（1）税法实施时间与公布时间一致；（2）税法先期公布，然后付诸实施。这在税法教材中已成为普遍通说。

2. 税收立法的失效时间

我国税法普遍认同的废止有四种：（1）规定废止；（2）代替废止；（3）抵触废止；（4）客观废止。具有争议的是，我国税收立法中的授权立法或者暂行立法的时间效力空白一直备受批评。[51] 对此，张献勇（2014）引入了一种"日落规则"，即立法机关规定某一法律的有效期间，除非作出延长该期间的决定，否则该法律在有效期间届满即告失效。[52]

3. 税收立法的溯及力

由于税法上的法律关系涉及基础法律关系及税收法律关系，因此，税法上的溯及力比较特殊。税收立法溯及力问题的处理，一般还是遵循法理上的基本原理，即税收实体规范都不宜溯及变更，除非新法有利于纳税人，以及税收程序规范采取"从新原则"。对此，

---

[50] 胡弘弘、靳海婷：《我国暂行法的立法学考察：主体、程序、时效》，载《法学论坛》2019 年第 3 期，第 48—58 页。

[51] 郝如玉：《落实税收法定原则的路线图》，载《会计之友》2014 年第 17 期，第 8—11 页；易有禄：《税收立法权回归的路径选择与发展前瞻》，载《社会科学研究》2014 年第 4 期，第 71—74 页。

[52] 张献勇、吕洪雁：《"日落规则"对税收授权立法的规制》，载《税务研究》2014 年第 6 期，第 60—62 页。

熊伟（2014）指出，在衡量税法的可溯及性时，必须针对不同的法律规范分别加以甄别。"实体从旧、程序从新"这种说法也值得商榷。实际上，税法上的实体和程序之间的界限并非截然分明，程序法中也有一些内容会直接影响到纳税人的实体利益。㊽ 黄茂荣（2011）则区分了真正溯及效力与非真正溯及效力。不论是属于哪一种类型，原则上都应当从法律关系事后调整的可能性、发展阶段的可分性或分段评价的可能性出发认定。㊾

## 六、研究总结：税法时间研究的评价与启示

### （一）税法时间现有研究的特点

总体而言，目前学者已经意识到时间因素对税法的重要性，但仍然缺乏系统的研究。现有的研究成果体现出以下的特征。

1. 重程序而轻实体

在我国税法学研究的过程中，由于长期的行政主导特征，因此存在着浓厚的"重程序而轻实体"的研究偏向。从原理上看，税收实体法和程序法的分立是现代税法的基本结构，实体法在税法中具有独立的意义，而不是依附于程序法的附庸。为了推进税法学与传统行政法学的诀别，税法研究必须以实体法为核心。然而，从上述的文献综述情况来看，关于税法时间的探讨依然以程序法为主。

2. 强调就事论事，缺乏整体思维

无论是在哪一个学科体系中，在学者看来，尽管就时间在税法中的重要性这一点而言基本上取得了共识，但一旦牵涉各种与时间相关的具体问题，诸如诉讼时效、取得时效、除斥期间、纳税义务

---

㊽ 熊伟：《重申税收法定主义》，载《法学杂志》2014 年第 2 期，第 23—30 页。
㊾ 前引❺，黄茂荣书，第 138—143 页。

发生时间、纳税期限等，就存在着相当大的争议。其原因在于，相关讨论并不是建立在一个统一的逻辑和理论基础上，而是围绕着具体的制度就事论事，缺乏一个整体性的、一以贯之的理论框架。

3. 重制度构建而轻理论探讨

和强调就事论事，而缺乏整体思维相对应的，是在对时间、法律时间、税法时间的讨论上所体现出来的重视制度构建，而轻理论探讨。具体表现为，从讨论的依据上，主要围绕现行法进行法律解释或者制度建构、完善；从讨论的目标上，是面向实践而非面向理论。

（二）税法时间进一步研究的启示

基于上述分析，笔者认为，在研究思路上，对税法时间的进一步研究应当秉持系统性、全面性、理论性的研究面向，结合既定的"税法时间类型论—税法时间分配论—税法时间制度论—税法时间立法论"的基本框架，对具体内容在已有文献基础上作进一步拓展：

1. 构建税法时间类型论

各法律制度中涉及的概念、规则和原则，仅是与时间联系的、反映局部法律现象的个别范畴。有必要将它们集中加以分析，对法律现象的总体特征加以总结，得出规律性的结论，从而为税法时间的系统研究提供参照系。

2. 构建税法时间分配论

发掘税法理论的"时间性"。事实上，税法理论中的"时间性"随处可见，"时间性""时间利益"在税法中的意义是不言而喻的，只是相对来说关注较少。作为税法时间研究的重点，需要进一步发掘税法理论的"时间性"：其一，"参照"现有研究成果，从时间维度研究现有税法基础理论体系框架下的税法时间性，从而总结税法时间利益分配的理论支撑。其二，总结相关学科对法律时间分配的一般理论研究借鉴至本研究的可行性。其三，结合税法时间类型化分析的结果,以类型化作为抓手,从整体上对税法时间分配理论进行阐释。

3. 完善税法时间制度论

在理论的引导下,梳理和反思税法时间相关的制度及争议,并具体分析完善进路。具体而言:首先,要从整体上对税法时间制度概念进行梳理,界分内涵与外延,使本研究的讨论建立在一个相对明确的制度体系框架下。其次,要对税法时间制度上的研究进行拓展,将零散化的研究归整。最后,总结梳理相关制度争议,并在税法时间分配论的指导下探寻较为合理的、一以贯之的解决思路。进而要结合立法的相关成果,对现有碎片化研究成果进行体系化拓展,以期对税收立法上的时间问题作出整体回应。

# A Review of Tax Law Time Research with Time Benefit Distribution as the Core

Zhao Jing

**Abstract**: Time is closely related to the rule of law and the reform of tax system. It is not only the inheritance and deepening of the basic theory of tax law, but also the overall consideration of the key elements in the legislation of the general provisions of the tax law, but also the reasonable response to the procedural disputes in the tax collection disputes. Following the idea of "type theory – distribution theory – system theory – legislation theory" of tax law time, from specific to comprehensive, and then from comprehensive to specific, we can find that the existing scholars have realized the importance of time to tax law, but still lack of systematic research. The existing research results are characterized by attaching importance to procedure rather than substance, emphasizing on matters rather than overall thinking, and emphasizing system construction over theoretical discussion. Therefore, it is necessary to adhere to the systematic, comprehensive and theoretical research orientation in the next step of tax law research, and carry out in – depth and expansion of the existing research around the time benefit distribution of tax law, so as to explore the real problems, explore the regular conclusions and explore the systematic ideas.

**Key Words**: Tax Law Time; Time Benefit; Type; Tax Legislation; Tax Law System